Esquisses et

Theodore Robinson

photographies

MAAG SOURCES

Theodore Robinson. Esquisses et photographies est le premier titre de la collection *Sources* publiée par le Musée d'Art Américain Giverny. Ces livres de petit format abordent l'art américain sous ses multiples facettes à travers une analyse détaillée et un sens du contexte général de ses créations. Chaque sujet est lié à la collection de la Terra Foundation for the Arts et présente le résultat de recherches approfondies d'historiens de l'art américain prenant en compte les données historiques et culturelles pertinentes.

Esquisses et Theodore Robinson photographies

Stephanie Mayer

MAAG
souRCES

Cet ouvrage a été publié à l'occasion de l'exposition *Theodore Robinson : esquisses et photographies* présentée au Musée d'Art Américain Giverny du 1er avril au 16 juillet 2000 et organisée par Derrick Cartwright, directeur du Musée d'Art Américain Giverny et Stephanie Mayer, assistante de conservation au Terra Museum of American Art, Chicago.

Une publication du Musée d'Art Américain Giverny
99, rue Claude Monet, 27620 Giverny
(www.maag.org)

Conception graphique et maquette : Louise Brody
Traduit de l'anglais par Alan Waite

ISBN : 0-932171-12-5
Dépôt légal : mars 2000
Imprimé en France

Sommaire

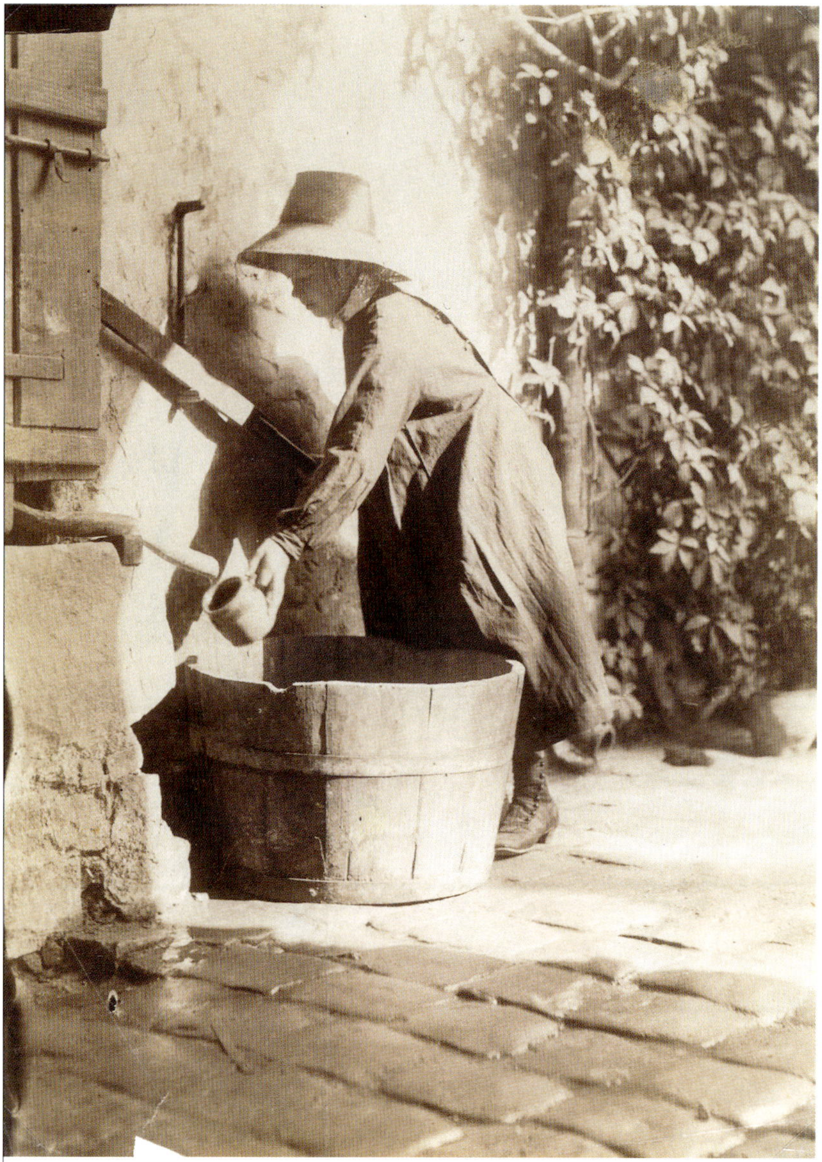

[Enfant à la pompe], s.d., tirage sur papier albuminé, 20,5 x 14,6 cm.

Préface

La publication de *Theodore Robinson. Esquisses et photographies* est un événement important dans l'histoire du Musée d'Art Américain Giverny. Il est le premier titre d'une collection d'ouvrages, intitulée *Sources*, et orientée vers la recherche. *Sources* marque une étape déterminante dans la mission fondamentale du Musée définie par la promotion d'une plus grande connaissance de l'art américain de la part de publics non américains. Depuis le jour où Daniel J. et Judith F. Terra ont ouvert les portes de cet établissement, le 2 juin 1992, le but d'établir un centre européen pour la recherche universitaire sur l'art américain fait partie intégrante de l'image que l'institution se fait d'elle-même et de son évolution.

Parmi les artistes américains les plus impliqués dans la fondation à Giverny d'une colonie artistique à la fin des années 1880, Theodore Robinson se démarque le plus. Il est donc tout à fait à propos que cette nouvelle collection soit inaugurée par une étude de son œuvre et une exposition au Musée. L'étude de Stephanie Mayer sur les pratiques de Robinson en tant que photographe et dessinateur, ainsi que sa synthèse de l'état actuel des recherches sur cet artiste et son contexte social, aideront à assurer un accueil favorable à ce premier titre. Le conseil d'administration de la Terra Foundation for the Arts soutient avec enthousiasme le projet, depuis sa conception, d'une série de publications bien documentées et illustrées. Ses membres méritent toute notre reconnaissance pour la parution d'un ouvrage d'une si grande élégance. Je tiens à les remercier ici pour le soutien généreux qu'ils ont accordé à cette initiative.

Enfin, nous espérons que cet ouvrage crée un précédent quant à la qualité des études qui la suivront dans la collection *Sources* – contrainte qui ne saurait être perçue autrement que positive par tous ceux qui, comme nous, se préoccupent des différentes manières dont les histoires de l'art américain sont racontées à toutes les époques et dans tous les pays.

Derrick R. Cartwright, Directeur, Musée d'Art Américain Giverny

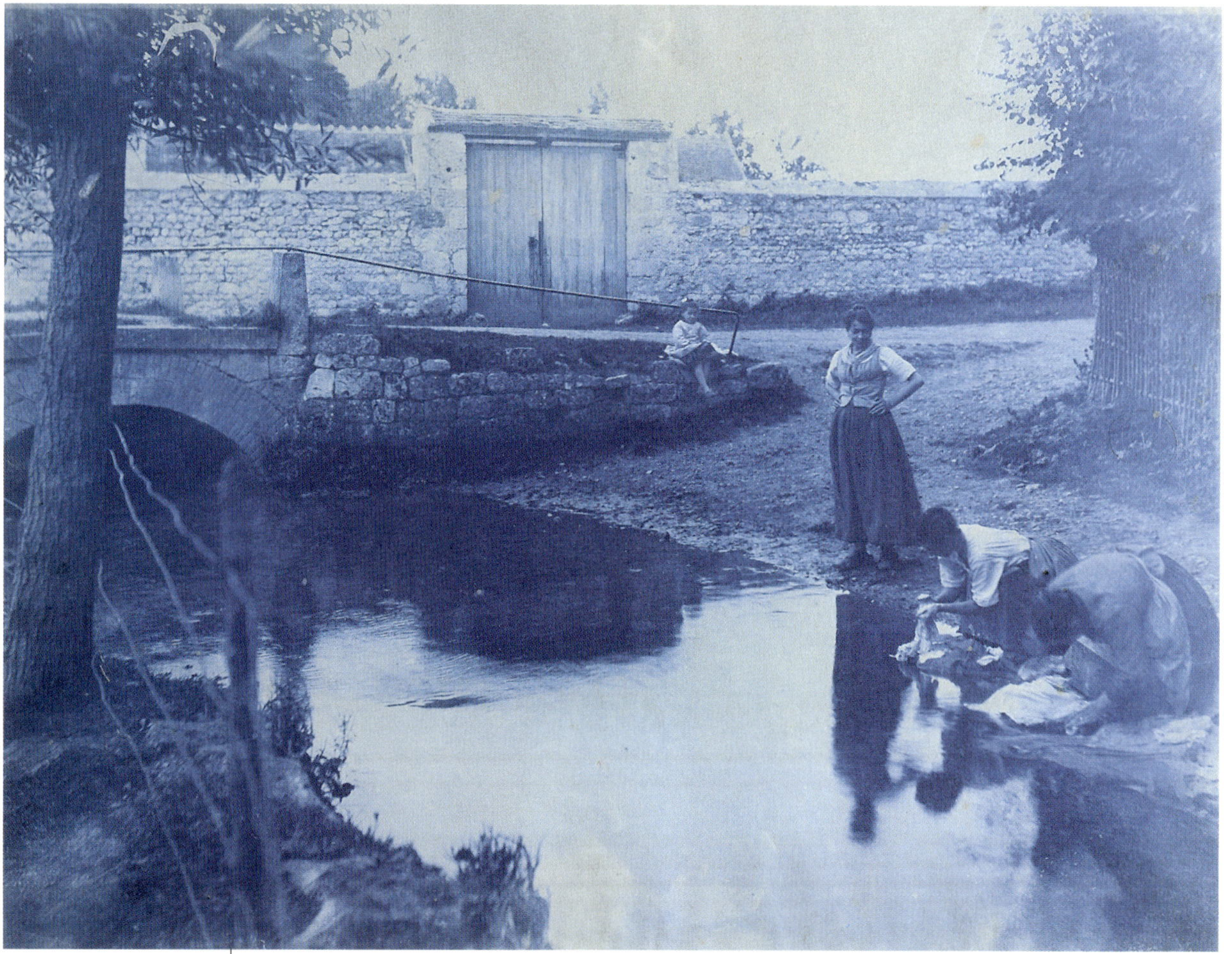

Fig. 1. [Femmes à la rivière], vers 1891, cyanotype, 19,5 x 24,1 cm.

Introduction : Une réévaluation des études

« Femmes à la rivière » (fig. 1), photographie réalisée par Theodore Robinson (1852-1896), présente l'image élégante et apparemment spontanée de trois femmes. Elles semblent concentrées sur leur travail, leurs corps étirés ou courbés par la lessive du linge dans les eaux de l'Epte. Cette scène fait partie de la vie quotidienne rurale. C'est une vue intime, comme suspendue dans le temps, de paysannes qui semblent ignorer la présence du photographe. Cependant, en arrière-plan, une jeune fille introduit une fausse note dans l'apparente spontanéité de cette scène. Elle est assise sur le mur du pont, et son regard croise timidement celui du spectateur. Une fois ce regard naïf reconnu, d'autres signes d'une construction réfléchie émergent. L'aspect artificiel est souligné par ce qui pourrait bien être la volonté des femmes, situées au premier plan, d'éviter le regard du photographe. En effet, l'équilibre et la structure de la composition – les figures plus sombres sur les rives encadrant les reflets de l'eau de la zone lumineuse – sensibilisent le spectateur sur ce qui semble n'être, au premier abord, que le fruit du hasard mais est en réalité préparé avec soin.

« **F**emmes à la rivière » est donc une construction – à la fois composition soigneusement étudiée et représentation fictive de la vie quotidienne – faisant appel à un vocabulaire pictural très répandu dans la peinture de la fin du XIXe siècle.[1] Ce cyanotype suscite des réflexions allant bien au-delà de son rôle de document photographique de femmes au travail. Cette épreuve, réalisée par Theodore Robinson, peintre américain travaillant en Europe et aux États-Unis, fut utilisée, comme de nombreuses autres études photographiques, pour la préparation d'un tableau.[2] Ses photographies, comme ses carnets de dessins, ont toujours été étudiées en tant que sources d'inspiration d'œuvres plus importantes. Toutefois, *Theodore Robinson. Esquisses et photographies* suggère que ces créations méritent d'être considérées comme des œuvres à part entière.

Les compositions savamment structurées des photographies de Robinson servent de point de départ à ses créations dans d'autres techniques. Il utilise parfois le contenu de ses carnets à des fins similaires, bien qu'il soit plus fréquent que ces esquisses enregistrent des événements fortuits ou des sujets de curiosité. Ensemble, dessins et photographies constituent un terrain d'apprentissage sur lequel Robinson étoffe son art. Ces deux techniques, développées hors du carcan académique, lui permettent d'explorer ses centres d'intérêt tout en représentant le monde qui l'entoure. Si les esquisses ne sont souvent que des notes rapides, les photographies sont, par contre, organisées et construites : nombreuses sont celles qui réapparaissent pratiquement à l'identique sous forme de tableau.

Le parcours artistique de Robinson couvre une gamme diversifiée de styles, allant du réalisme académique à l'avant-garde impressionniste. Ce qui unifie cette diversité est la fascination de l'artiste pour certains aspects de la vie quotidienne. Cette thématique lui permet d'intégrer dans ses créations certains courants d'une tradition à la fois européenne (allant des écoles du Nord de l'Europe à Monet et l'impressionnisme) et américaine (le réalisme de Winslow Homer ou de Thomas Eakins, ses contemporains). Par la suite, une telle focalisation sur le quotidien se transforma en *leitmotiv* pour toute la jeune génération des modernistes. Tous ces facteurs exercèrent une influence déterminante sur l'orientation artistique de Robinson. Esquisses et photographies révèlent une continuité dans ses préoccupations, et créent un cadre à l'intérieur duquel Robinson s'efforce de définir sa propre identité d'artiste.

Les trois carnets de la collection de la Terra Foundation for the Arts datent des années 1871 à 1876, 1876 à 1877, et 1894. Ils recueillent les orientations de la jeunesse et de la maturité de l'artiste et encadrent sa carrière artistique. Dans le plus ancien carnet, le jeune Robinson, étudiant à New York et à Paris durant les années 1870, commente des séjours, parmi d'autres, dans sa ville natale, Evansville dans le Wisconsin. La période couverte par ce carnet chevauche celle du second qui correspond au périple de Robinson en Normandie, et de son séjour à Paris lors de son premier voyage en

France. Le troisième carnet accompagne l'artiste dans ses pérégrinations le long de la côte Est des États-Unis en 1894, deux ans après son dernier séjour en France.

La datation des photographies est plus hasardeuse, et elles détiennent une plus grande part de mystère. Grâce à des recoupements avec certains tableaux, il est évident que certaines photographies ont été réalisées à Giverny, colonie d'artistes où Robinson – entre autres – travaille de 1888 à 1892. Cependant, d'autres images représentent des sujets et des lieux non identifiés. Il est possible qu'elles aient été prises dès les années 1870, lorsque le jeune artiste étudie les beaux-arts dans le Midwest des États-Unis. Ces œuvres révèlent sa maîtrise des procédés relativement complexes de la photographie, et constituent le point de départ d'une étude de cette technique dans le contexte général de sa pratique artistique. Ces photographies ont été trouvées dans l'atelier de Robinson après sa mort en 1896. Son souhait de les préserver incite à approfondir la signification de l'art photographique pour cet artiste, au-delà du lien évident avec ses créations sur toile.

T*heodore Robinson. Esquisses et photographies* réétudie de nombreuses associations déjà identifiées entre ses tableaux, d'une part, et ses photographies et dessins, d'autre part, tout en analysant chacune de ces images en tant que création à part entière. Ces œuvres correspondent aux diverses phases de sa carrière – avec, tout d'abord, ses études à New York et à Paris, puis sa découverte de l'impressionnisme, jusqu'aux travaux de sa maturité, empreints d'une vision en pleine évolution, à la fois de sa propre identité d'artiste et de son orientation créatrice. Ses dessins et photographies offrent également une gamme d'émotions et d'attraits pour le regard d'aujourd'hui : les premières esquisses traduisent des influences académiques, alors que son exploration de l'art photographique témoigne des tendances plus modernes de la sensibilité de l'artiste. Les derniers dessins contiennent la synthèse de toutes ses préoccupations – les aspects techniques, thématiques et esthétiques sont examinés et réexaminés par Robinson invoquant le passé tout en anticipant l'avenir.

Carnet I : Wisconsin, New York, Paris

Robinson est né le 3 juin 1852 à Irasburg dans le Vermont. Sa famille déménage dans le Wisconsin en 1856 et s'installe définitivement à Evansville. Très peu d'éléments sur la jeunesse de Robinson sont connus : diverses sources indiquent sa présence à Chicago en 1869 ou 1870, où il se serait rendu afin d'y étudier les beaux-arts. À cette époque, les possibilités de recevoir une éducation artistique académique sont très limitées à Chicago ; l'Art Institute est la seule école des beaux-arts reconnue, et Robinson n'y est pas inscrit. Il a vraisemblablement étudié dans un atelier indépendant. Le grand incendie de 1871 l'a poussé à quitter Chicago comme de nombreux artistes. La même année, il décrit pour le rédacteur en chef de l'*Evansville Review*, l'état du monde artistique à Chicago pendant la période instable de la reconstruction, et dit que « les beaux-arts n'ont pas tout à fait "disparu", mais quelques artistes sont toujours là, des portraitistes pour la plupart ».[3]

Après Chicago, Robinson retourne à Evansville et, grâce à l'apport « de portraits au crayon et de travaux d'agrandissement photographique »[4], il se rend ensuite à New York, et s'inscrit à la National Academy of Design en 1874. Son professeur de dessin, Lemuel E. Wilmarth, très apprécié par ses élèves, a rompu avec la National Academy en 1875, suivi par un groupe de ses étudiants, en signe de protestation contre la décision de rendre payant un enseignement dispensé gracieusement jusqu'alors. Certains historiens de l'art identifient Robinson comme l'un des étudiants ayant encouragé Wilmarth à ouvrir un atelier indépendant, inauguré en septembre 1875 sous le nom de « Art Student's League ».[5] Malgré son éventuelle implication dans cette contestation, Robinson reste attaché à la démarche académique, contexte très propice à la qualité de ses travaux personnels. En 1875, son talent de graphiste est reconnu par la National Academy, et l'un de ses dessins d'après nature lui vaut une médaille. Cette même année, il quitte New York pour Paris, décidé à poursuivre une éducation académique rigoureuse.

Entre 1871 et 1876, Robinson quitte Evansville pour s'installer à New York puis à

Paris, période retracée dans son premier carnet. Ce dernier révèle la curiosité, les expériences et les observations d'un jeune artiste qui affine ses centres d'intérêt et ses compétences techniques. Le monde de Robinson s'anime dans ces croquis de passants croisés dans New York, ces dessins d'accessoires d'atelier (comme le mannequin utilisé par les étudiants pour acquérir les notions de la structure du corps), ou ces images intimes comme celle d'un ami allongé, identifié uniquement par ses jambes décontractées et son nom griffonné. Le dessin du sculpteur Ledyard S. Sloan (fig. 2), réalisé à la mine de plomb et à la gouache, suggère l'environnement social et professionnel de Robinson. Sloan est probablement un camarade d'atelier de la National Academy of Design, où un élève y est inscrit de 1873 à 1876, années où il aurait pu y côtoyer Robinson.[6] Certains des vêtements portés par Sloan, comme la redingote ou le chapeau, apparaissent également dans d'autres dessins ou photographies de Robinson et sont typiques du costume des artistes. La sculpture, sur laquelle Sloan travaille, est posée de façon précaire sur un étroit piédestal et semble être un buste, moulage en plâtre caractéristique des ateliers d'école. Ces scènes démontrent la tendance initiale de Robinson à se concentrer sur les aspects ordinaires du monde qui l'entoure.

Robinson s'aventure également dans les rues de la ville à la recherche de sujets : le 31 octobre 1874, il est à Central Park, où il dessine le *Belvedere Castle* (fig. 3), construction à l'allure gothique juchée sur *Vista Rock*, rocher situé à la limite nord du *Ramble* (ou « randonnée »). Ce *Belvedere*, complément rajouté en 1865 à la conception d'origine des paysagistes Frederick Law

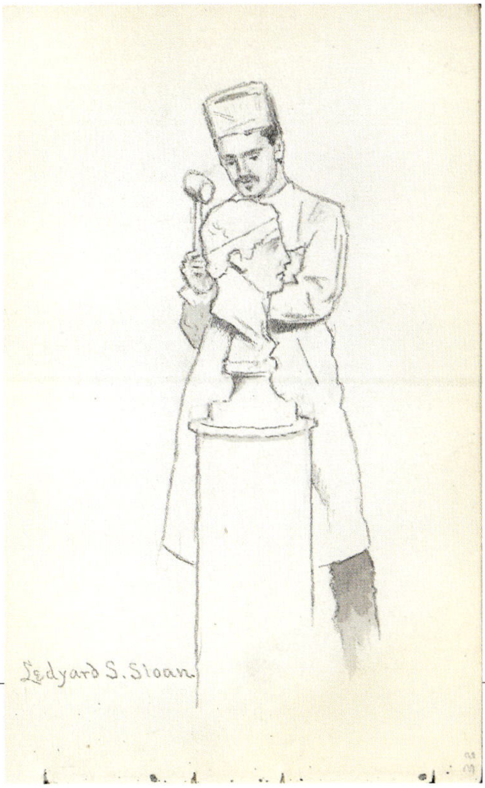

Fig. 2. Carnet I, « Ledyard S. Sloan », vers 1874-1876, mine de plomb et gouache sur papier, 15,9 x 10 cm.

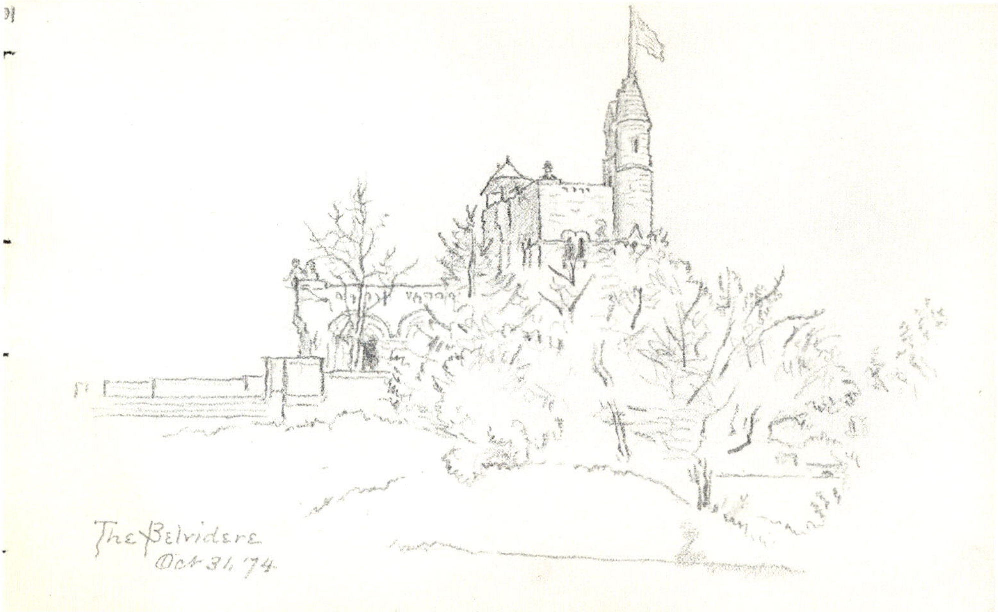

Fig. 3. Carnet I, « The Belvedere, Oct. 31, '74 », 1874, mine de plomb sur papier, 10 x 15,9 cm.

Olmsted et Calvert Vaux, offre des vues panoramiques du parc, récompense pour tout visiteur assez courageux de grimper le long des chemins sauvages du *Ramble*. Robinson représente le *Belvedere* à travers le *Ramble*, dont le but est, aux yeux d'Olmsted, d'inspirer chez le spectateur « une impression de la puissance créatrice, des ressources infinies et de la générosité de la Nature ».[7] Ce modeste dessin annonce les études architecturales plus grandes et plus abouties que Robinson allait faire deux ans plus tard en Normandie et à Paris.

Ce même jour d'octobre, il dessine aussi au zoo de Central Park et y retourne souvent par la suite. À cette époque, le zoo commence à attirer le grand public à Central Park, souvent considéré depuis son inauguration en 1858, comme un lieu réservé à la haute société new-yorkaise. Au cours des années 1860, le zoo constitue une collection d'animaux éclectique et sans prétention. Il fait partie du nombre relativement restreint d'activités gratuites proposées aux new-yorkais. Trois ans avant l'arrivée de Robinson dans cette ville, les gestionnaires du parc revoient à la hausse leurs projets pour le zoo : les nouvelles installations et les animaux exotiques attirent des foules d'une importance inconnue jusqu'alors. L'acquisition en 1871 de huit singes « comiques » provoque l'imagination populaire, à l'époque même où la théorie darwinienne suscite d'intenses débats tant parmi les spécialistes que dans la presse.[8] Robinson consacre plusieurs pages de ce carnet aux singes (fig. 4), se concentrant sur leurs poses expressives. Il réalise également des dessins détaillés de lions au repos (fig. 5), ainsi que des croquis pris sur le vif d'oiseaux ou d'éléphants.

Dans ce carnet, les études de personnages et les scènes de rues prédominent parmi les sujets choisis. Plusieurs esquisses représentent des personnes au travail dans un milieu urbain ou rural : cette thématique gouverne la démarche artistique de Robinson. Dans une lettre datée du 31 mai 1883 et adressée à son ami, l'artiste américain Kenyon Cox (1856-1919), Robinson exprime la pensée suivante : « Assez curieusement, depuis mes premiers dessins il y a tant d'années, époque où mon idéal était incarné par Winslow Homer, je m'intéresse à peu près aux mêmes sujets

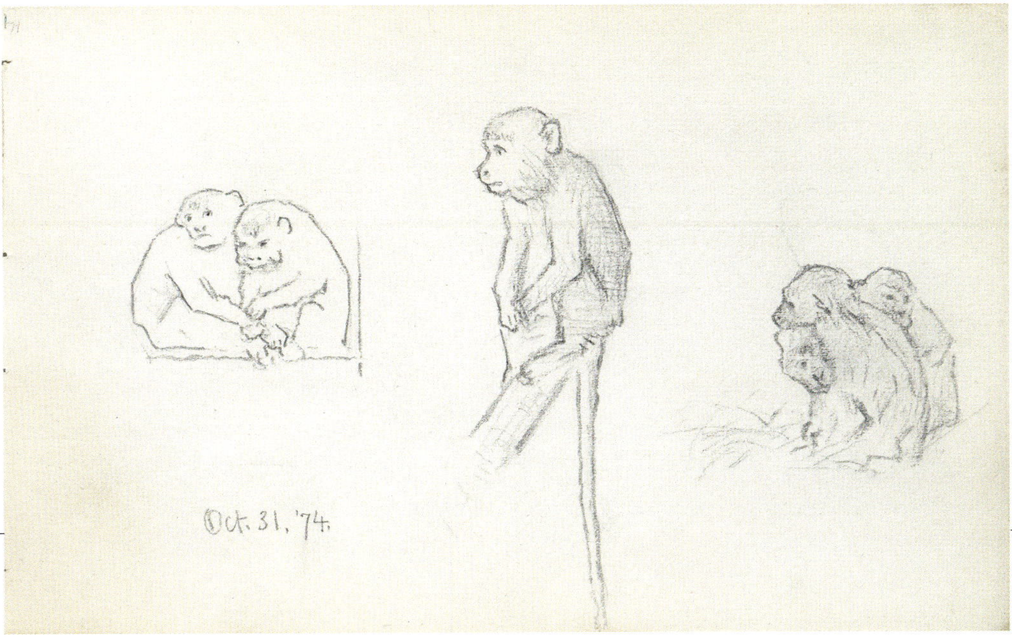

Fig. 4. Carnet I, « Oct. 31 '74 », 1874, mine de plomb sur papier, 10 x 15,9 cm.

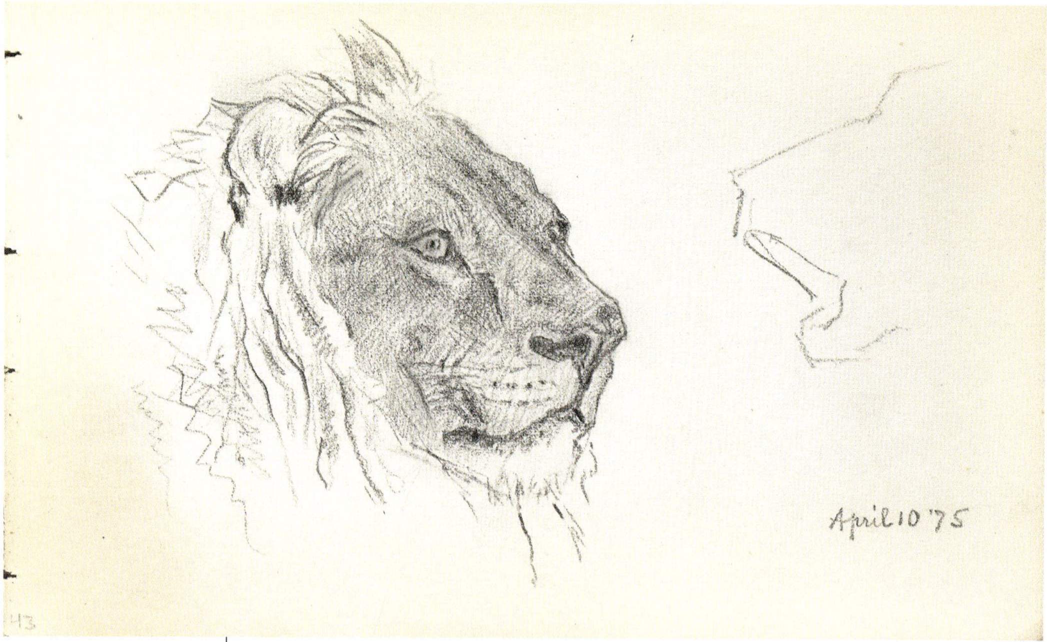

Fig. 5. Carnet I, « April 10 '75 », 1875, mine de plomb sur papier, 10 x 15,9 cm.

– c'est-à-dire la vie et le travail à la campagne, surtout en plein air. »[9] Puis, dans son journal intime du 11 février 1893, Robinson parle d'une visite à l'atelier new-yorkais de Homer (1836-1910) vers le milieu des années 1870, dates qui correspondent au premier carnet. Le réaliste américain exerce une influence durable sur l'art de Robinson, déterminant une orientation à laquelle celui-ci ne déroge que rarement. La représentation de thèmes ruraux dans l'art d'Homer fait écho aux origines rurales de Robinson, et son choix de thèmes issus de la vie quotidienne constitue une influence importante pour le jeune artiste. Dans les années qui suivent, Robinson puise son inspiration dans les traditions artistiques du Nord de l'Europe, y renouvelant la fascination qu'ont pour lui les faits ordinaires de la vie et développe ainsi les mêmes préoccupations que Monet. Les esquisses du début de sa carrière sont révélatrices des racines de cette démarche, et indiquent un courant réaliste qui apparaît tout au long du parcours artistique de Robinson.

Carnet II : France

Vers la fin de 1875, Robinson quitte New York afin de poursuivre ses études académiques à Paris. Au mois de novembre, il s'inscrit à l'École des beaux-arts, attiré sans doute par l'engouement de plus en plus général pour les académies parisiennes.[10] À cette époque, Paris exerce un pouvoir d'attraction exceptionnel sur les Américains. La capitale française, étape importante du « Grand Tour » de l'Europe, est un passage obligé pour l'élite américaine cultivée au XVIIIe et au début du XIXe siècles. Cependant, vers 1850, les voyages en Europe deviennent accessibles à un public plus large, en raison du niveau de richesse croissant aux États-Unis et de la plus grande sécurité offerte par le tout nouveau bateau à vapeur. Des touristes américains arrivent en Europe en grand nombre, à la recherche d'une édification culturelle ou tout simplement de nouveaux paysages.[11]

Les impressionnantes campagnes de travaux urbains, coordonnées par le baron Georges-Eugène Haussmann (1809-1891) au cours de la décennie 1850, mettent Paris au sommet de l'élégance moderne. Des boulevards grandioses bordés d'arbres remplacent les rues étroites ; de nouveaux ponts permettent de traverser la Seine et offrent des perspectives savamment calculées sur la métropole. Théâtres neufs, grands magasins et hôtels élégants proposent leurs agréments à des visiteurs de plus en plus nombreux.[12]

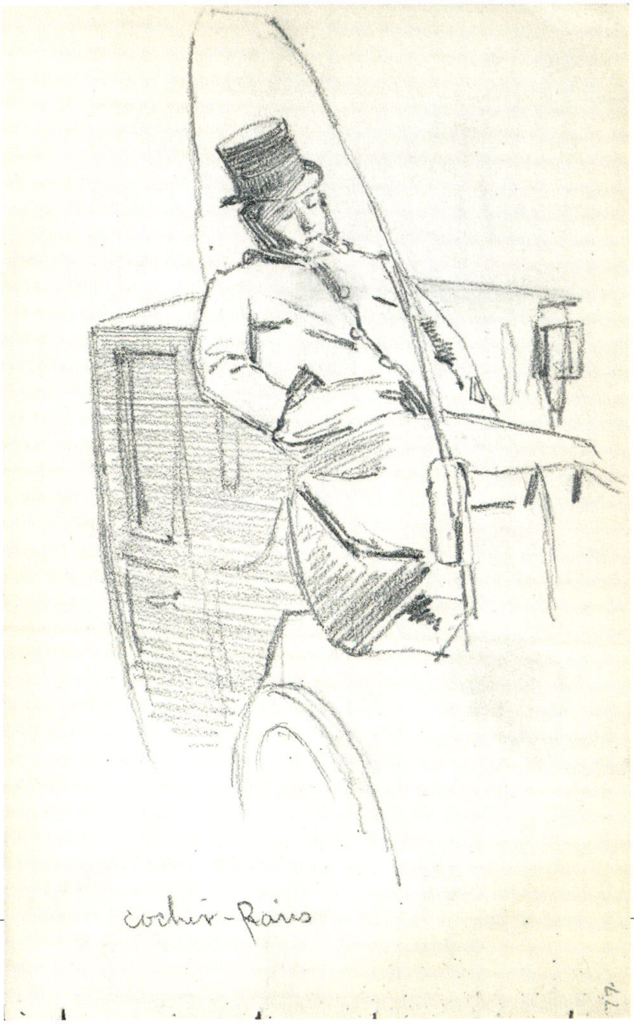

Fig. 6. Carnet I, « cocher – Paris », vers 1875-1876, mine de plomb sur papier, 15,9 x 10 cm.

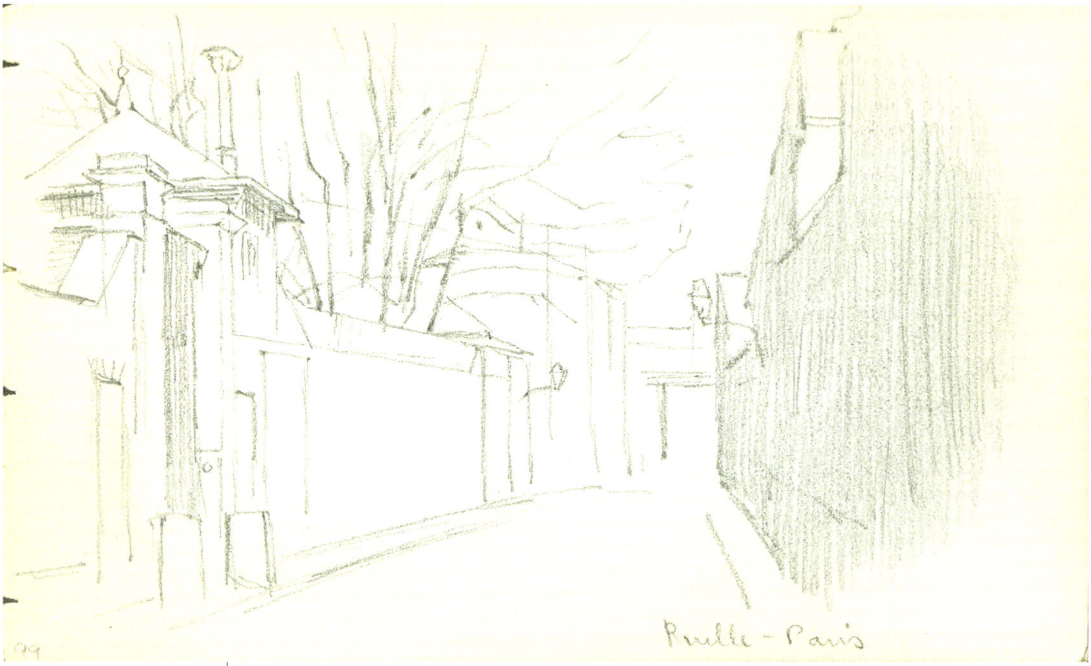

Fig. 7. Carnet I, « Ruelle – Paris », vers 1875-1876, mine de plomb sur papier, 10 x 15,9 cm

La réputation de la capitale comme lieu de sophistication culturelle atteint alors un degré tel, que d'étape importante sur le circuit européen, elle devient la destination idéale non seulement des touristes, mais également des artistes et des écrivains. Mark Twain (1835-1910) décrit cette obsession dans son roman satirique *The Innocents Abroad* (1869), par ce dialogue entre un touriste prospectif très enthousiaste et un commerçant new-yorkais :

> Un jour, nous sommes entrés dans un magasin sur Broadway. Là, [M. B] acheta un mouchoir, et comme le vendeur se trouvait dans l'impossibilité de lui rendre la monnaie exacte, M. B. lui dit :
>
> « Peu importe, je vous le donnerai à Paris.
>
> – Mais je ne vais pas à Paris.
>
> – Plaît-il ? Ai-je bien entendu ?
>
> – J'ai dit que je n'allais pas à Paris.

> – Vous n'allez pas à *Paris* ! Vous n'allez pas… ah bon, mais vous allez où alors ?
>
> – Nulle part, Monsieur.
>
> – Absolument nulle part ? Vous restez vraiment ici ?
>
> – Absolument nulle part. Je reste ici tout l'été. »
>
> … Mon ami prit possession de son achat et sortit du magasin sans dire un mot, son visage arborant une expression mortifiée. Un peu plus loin dans la rue, il brisa son silence, disant sur un ton bien senti : « Il mentait – j'en suis persuadé. »[13]

Derrière le ton moqueur de ce passage se décèle l'abandon du bon sens bourgeois, et l'importance primordiale, aux yeux de cette population, d'aller à Paris. Cependant, pour les artistes, l'attrait de Paris va bien au-delà d'un effet de mode. Le gouvernement français propose alors une formation académique gratuite pour tout homme justifiant de son admissibilité à l'École des beaux-arts. Cette offre est

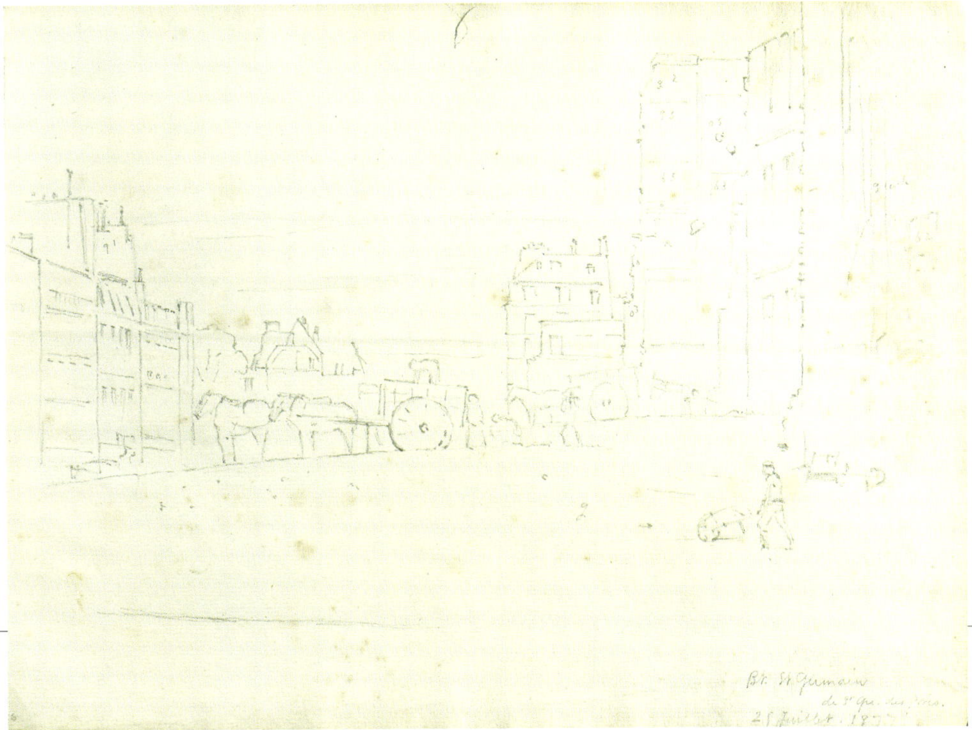

Fig. 8. Carnet II, « Bv. St. Germain, St. Germain des Prés, 29 Juillet 1877 », 1877, mine de plomb sur papier, 22,4 x 29,5 cm.

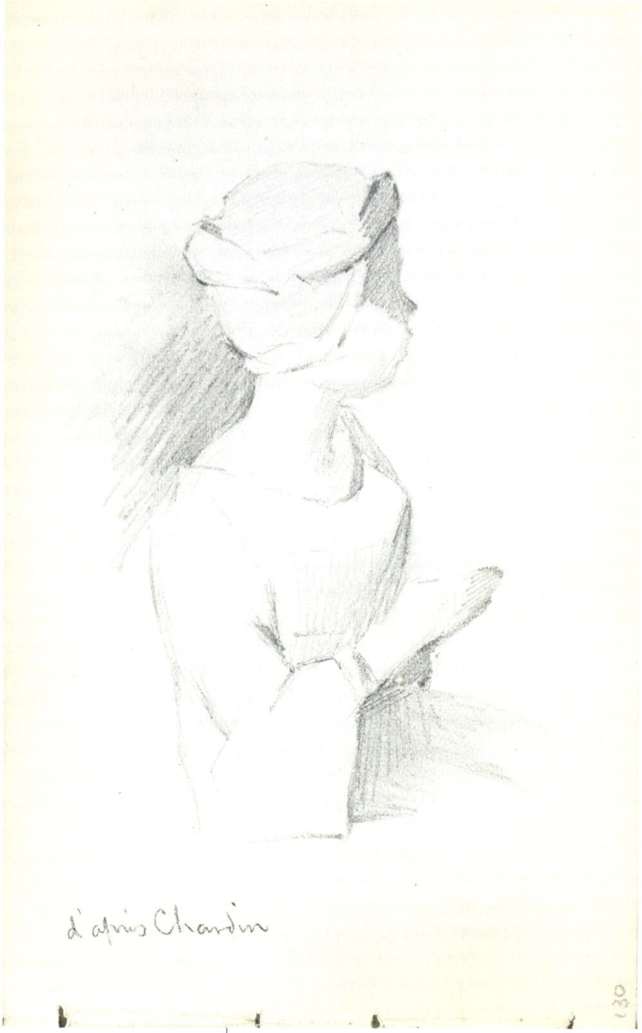

Fig. 9. Carnet I, « d'après Chardin », vers 1872-1876, mine de plomb sur papier, 15,9 x 10 cm.

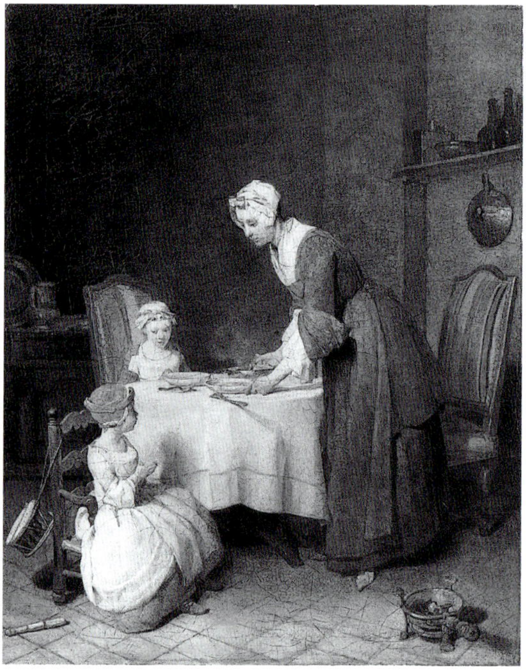

Fig. 10. Jean-Baptiste Chardin, ***Le Bénédicité***, huile sur toile, 1740, 49,5 x 38,5 cm.

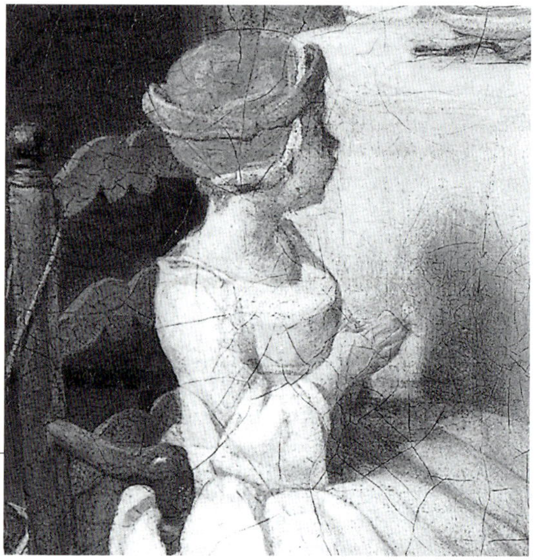

Jean-Baptiste Chardin, ***Le Bénédicité***, détail. Paris, musée du Louvre sans aucun doute un point positif pour Robinson, témoin de la guerre déclenchée par la décision de faire payer l'enseignement artistique à la National Academy of Design de New York. En mars 1876, Robinson est reçu aux examens requis, et déclaré admissible à l'inscription à l'école des Beaux-Arts. Mais, il s'est déjà inscrit à l'atelier de Charles-Auguste-Émile Duran (1837-1917), plus connu sous le nom de Carolus-Duran, l'un de plusieurs ateliers privés formant un réseau parallèle au système de formation de l'École des beaux-arts.[14]

Les dessins français de Robinson montrent à nouveau son attirance pour la représentation des rues modestes de la capitale. « Cocher – Paris » (fig. 6), « Ruelle – Paris » (fig. 7) ou « Bv. St. Germain » (fig. 8) se concentrent, comme ses croquis new-yorkais, sur la vie ouvrière plutôt que sur l'élégance de la métropole moderne conçue par Haussmann. Robinson passe également beaucoup de temps au musée du Louvre et visite d'autres sites de la ville, susceptibles de lui permettre d'étudier les œuvres des maîtres anciens et contemporains, comme, par exemple, le *Bénédicité* (figs. 9-10) de Jean-Baptiste Chardin (1699-1779) ou la *Vie de Sainte Geneviève* de Puvis de Chavannes (1824-1898), dont le vernissage au Panthéon venait d'avoir lieu en grande pompe.[15] Robinson se rend également au Louvre pour sa collection sculptée. Il y dessine certains détails des œuvres de Jean Goujon (1510-1566) ou de Germain Pilon (1537-1590), ainsi que la sculpture d'une femme inconnue, esquisse à laquelle il donne le titre « Femme Inconnue, Ecole Milanèse, fin du XVe siècle, au

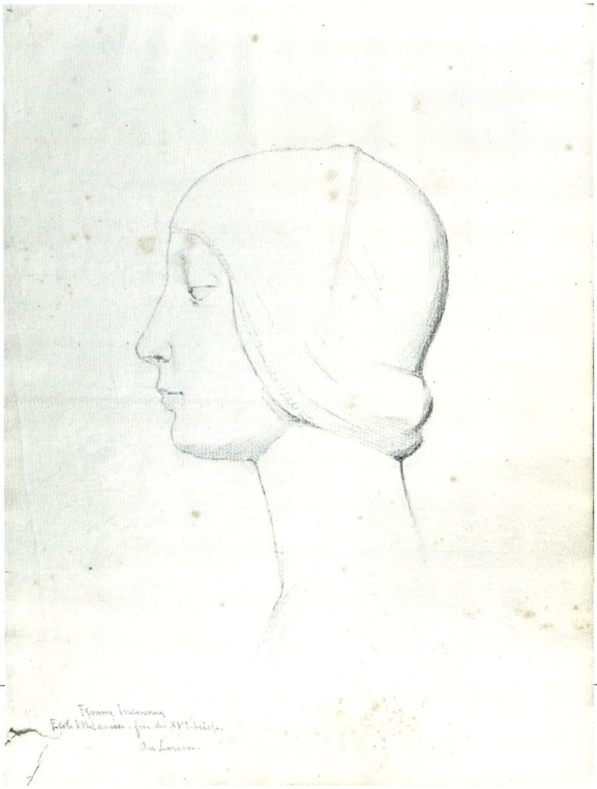

Fig. 11. Carnet II, « Femme Inconnue, Ecole Milanèse, fin du XVe siècle, au Louvre », vers 1876-1877, mine de plomb sur papier, 29,5 x 22,4 cm.

Louvre » (fig. 11). Son parcours semble être similaire à celui de son compagnon d'études, William H. Low (1853-1932), qui décrit une séance de dessin au Louvre très proche de l'expérience de Robinson. Low, parlant du plaisir avec lequel il apprend qu'un camarade d'études se rend aussi au Louvre pour y dessiner, fait part de sa :

> haute opinion des maîtres primitifs – Botticelli et Filippo Lippi... ; de Chardin pour ses dons inégalés en tant que « puriste », et de Prud'hon, pour la noblesse de ses formes, la grâce de sa ligne et les nuances de son traitement de la lumière et de l'ombre ; ces artistes étaient des exemples vivants et non pas des peintres plus ou moins oubliés, relégués à quelque époque révolue... J'ai appris que tout comme moi-même, [mon ami] avait découvert... la galerie des sculptures de la Renaissance, plus ou moins enfouie à cette époque au fin fond de son aile du Louvre, sans communication évidente avec d'autres galeries plus fréquentées, et qu'il y avait fait la connaissance de cette « Femme inconnue », devenue bien plus connue depuis, ainsi que de l'idéal même de la grâce matérialisé dans les œuvres de Jean Goujon. En plus, Puvis de Chavannes, dont on se moquait, l'avait intéressé.[16]

Le musée du Louvre constitue une destination des plus naturelles pour les artistes à Paris.[17] Les esquisses que Robinson y réalise s'inspirent également des méthodes d'enseignement dont son professeur – Carolus-Duran – se fait le chantre. Ce dernier, malgré sa formation académique à Lille, « ne s'associa jamais à un maître, mais consacra son énergie à copier et à étudier au Louvre »[18]. L'attrait de Robinson pour les séances de dessin au Louvre, ainsi que son dessin au trait d'après l'*Assassinée* de Carolus-Duran (1866, musée des Beaux-Arts, Lille), témoignent de l'influence de celui-ci sur Robinson. Carolus-Duran prône une approche directe vis-à-vis de la peinture et suscite de vifs débats, attachant beaucoup d'importance à l'utilisation de la couleur mais très peu au dessin au trait ou aux études académiques. Si le biographe de Robinson, John Baur, décrit les rapports de Robinson avec ce professeur comme

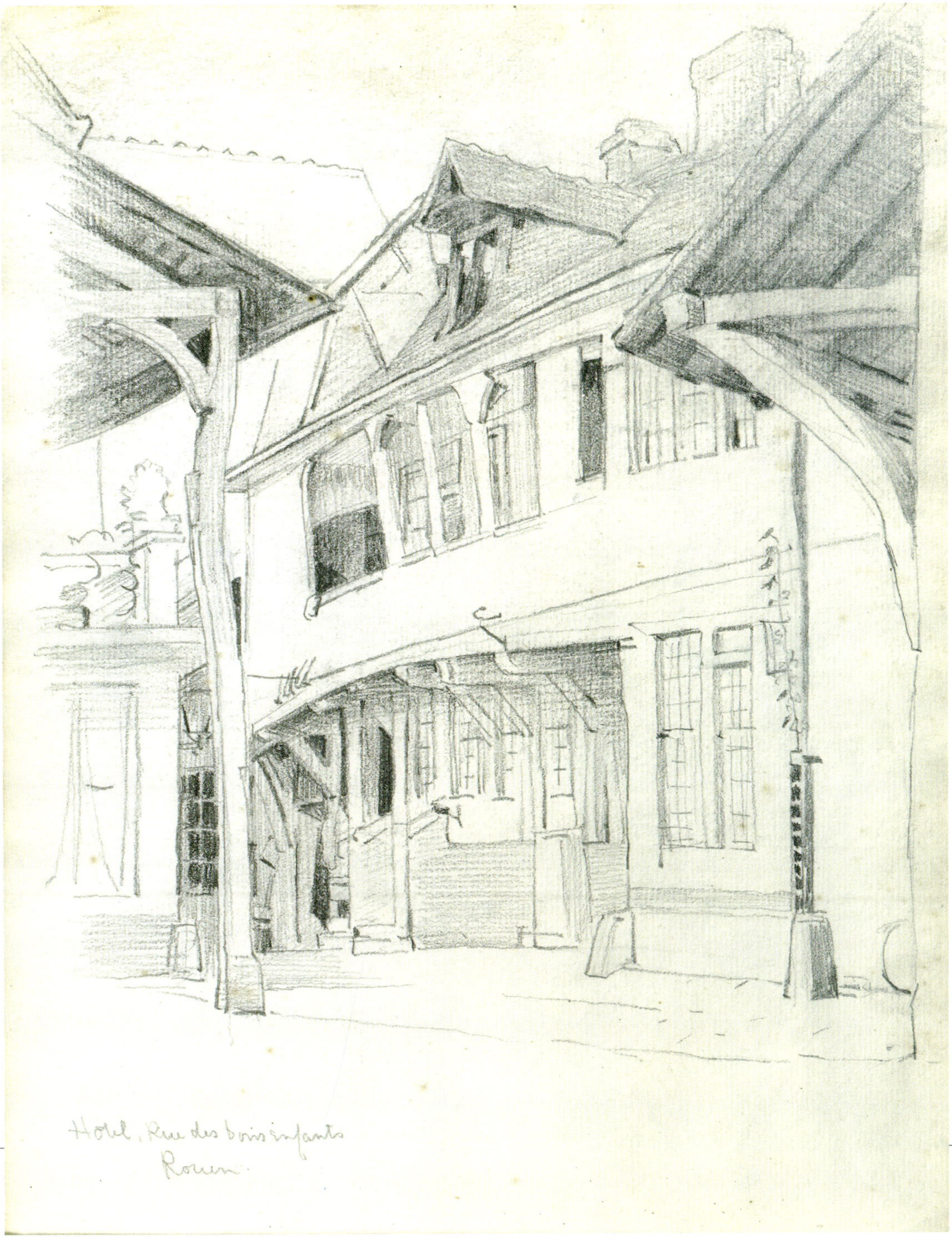

Fig. 12. Carnet II, « Hôtel, Rue des bons Enfants, Rouen », vers 1876-1877, mine de plomb sur papier, 29,5 x 22,4 cm.

« peu heureux », H. Barbara Weinberg soutient néanmoins l'hypothèse que l'enseignement de Carolus-Duran est la passerelle logique de Robinson vers l'impressionnisme. Cependant, à ce moment de sa carrière, il est manifeste que cet enseignement académique – matérialisé par ces esquisses – est prioritaire pour Robinson.[19]

En novembre 1876, Robinson change d'atelier, et se rend à celui de Jean-Léon Gérôme (1824-1904). Un plus grand contraste l'attend. Alors que Carolus-Duran encourage ses étudiants à se lancer tout de suite dans des études peintes d'après nature, Gérôme préfère une progression structurée par paliers. Il préconise de commencer par le dessin élémentaire de natures mortes, puis de passer à l'étude de modèles vivants, et enfin de terminer avec l'introduction de la couleur.[20] Les études de Robinson de bâtiments ruraux vus en Normandie traduisent une nouvelle sophistication du dessin et de la composition (figs. 12 et 14). Ces œuvres

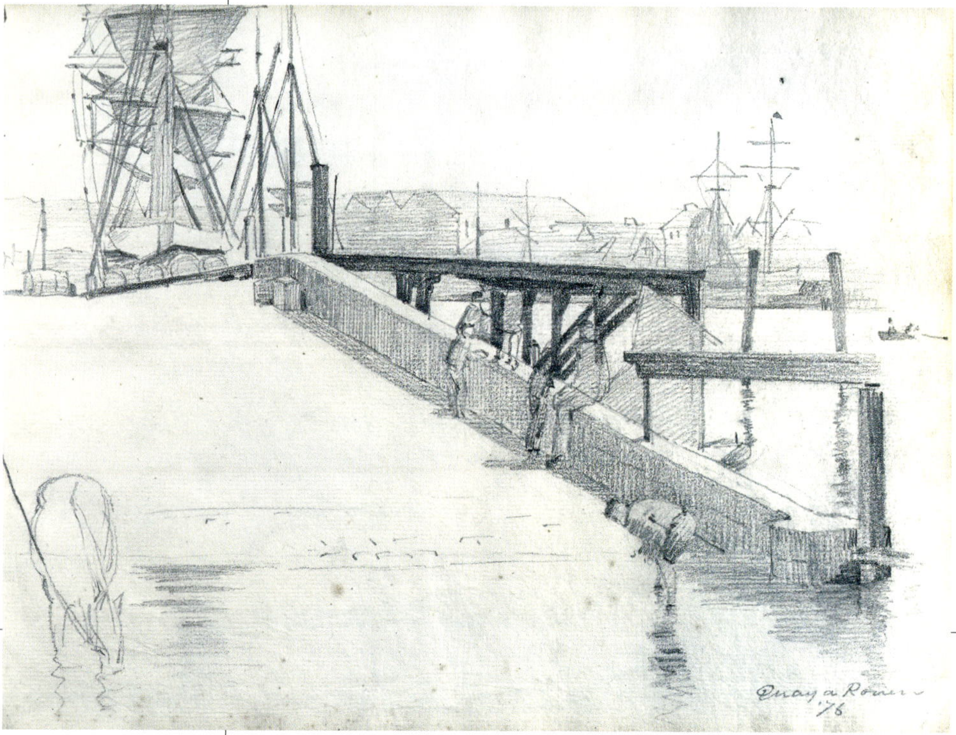

Fig. 13. Carnet II, « Quay à Rouen '76 », 1876, mine de plomb sur papier, 22,4 x 29,5 cm.

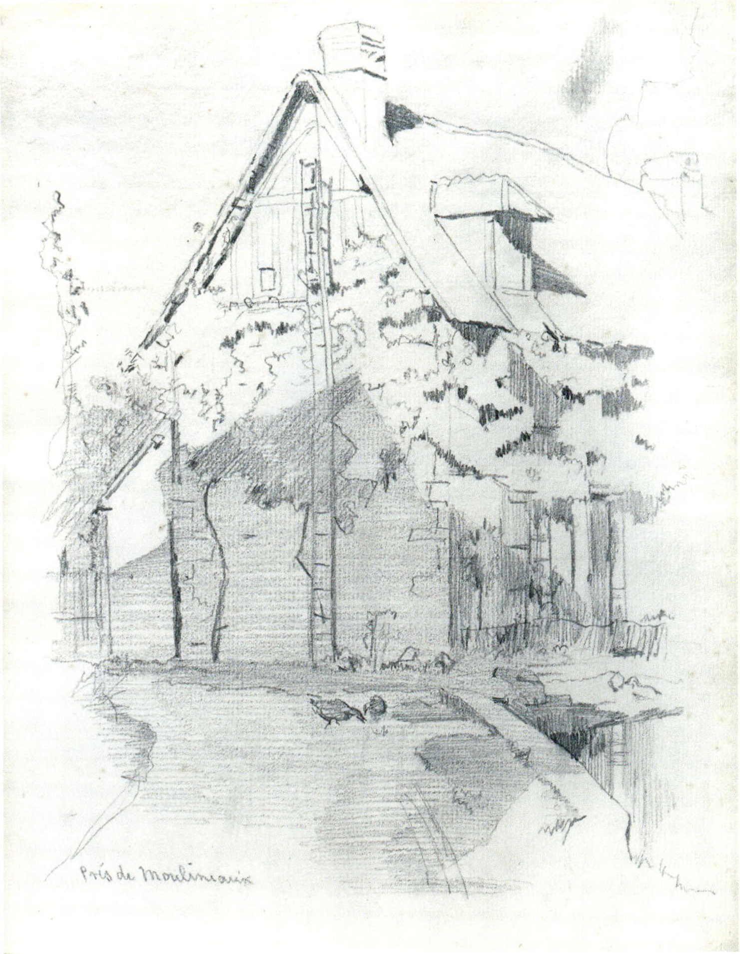

Fig. 14. Carnet II, « Prés de Moulineaux », vers 1876-1877, mine de plomb sur papier, 29,5 x 22,4 cm.

soigneusement étudiées font la chronique de son périple normand, au hasard de son exploration de villes sur les voies ferroviaires secondaires partant de la ligne Le Havre – Paris. Ses vues de Jumièges, Rouen (figs. 12 et 13), Bayeux, (fig. 15), Tancarville ou Le Havre (fig. 16) révèlent son étude de la lumière et de l'ombre, du dessin et de la composition. Les descriptions et les commentaires associés à certaines esquisses comme « Near Bayeux » ou « Bv. St. Germain » laissent penser que Robinson a peut-être eu l'intention de les utiliser pour des peintures, ou au moins d'en tirer certains détails par la suite. Robinson se concentre à nouveau sur les scènes de la vie ordinaire, les gens au travail, les costumes régionaux, et dans ce cas précis, l'architecture régionale, mais cette fois avec le regard curieux de l'étranger plutôt que celui de l'artiste sur le motif.

Robinson demeure en Europe jusqu'en 1879, voyageant en France et en Italie.[21] De retour à New York, Robinson rejoint l'atelier plus commercial de John La Farge (1835-1910), travaillant comme peintre sur des projets décoratifs à New York ou à Boston. Durant cette période, Robinson s'oriente passagèrement vers un style

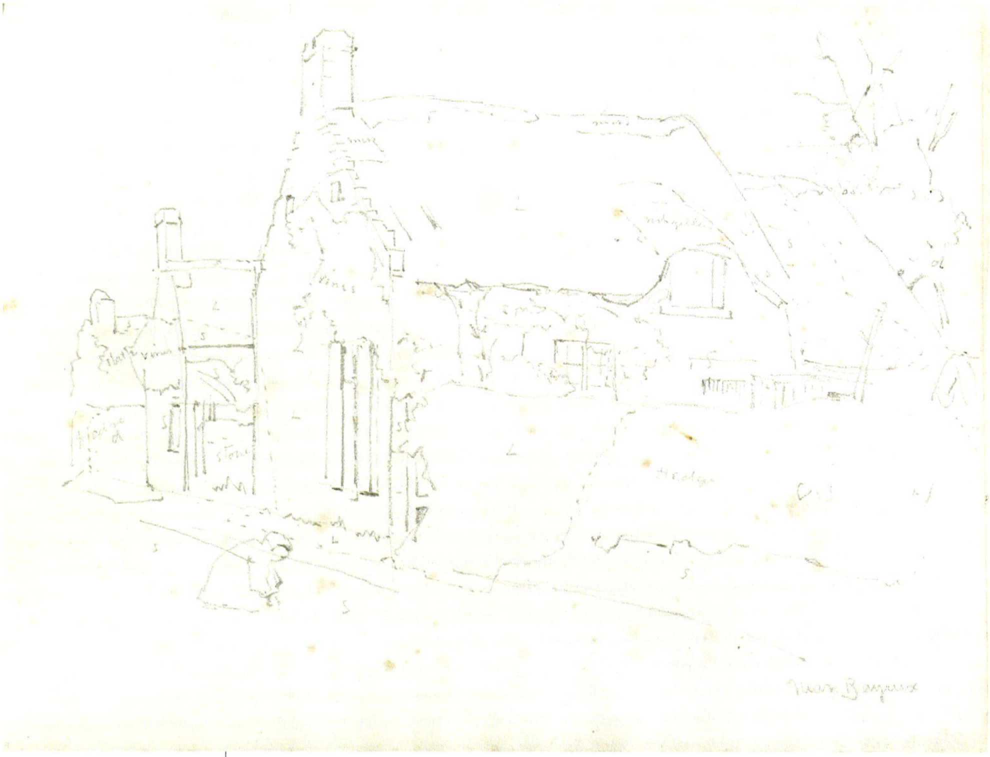

Fig. 15. Carnet II, « Near Bayeux », vers 1876-1877, mine de plomb sur papier, 22,4 x 29,5 cm.

décoratif dans ses travaux personnels, témoignage de sa recherche constante d'un art original qui lui serait propre. En 1885, il retourne à Paris et passe les étés suivants à Grèz, près de Fontainebleau, avec un groupe d'artistes expatriés comme lui. Il existe quelques détails sur cette période de sa vie dans *Chronicle*, de Low, ainsi que dans *With Stevenson at Grèz*, de Birge Harrison (1854-1929), ouvrages qui décrivent une vie artistique communautaire semblable à celle que Robinson allait vivre au sein de la colonie d'artistes de Giverny.

C'est au cours de ce second séjour en France que les travaux de Robinson commencent à traduire l'influence impressionniste et ses préoccupations stylistiques modernes. L'impressionnisme a fait son entrée dans l'arène culturelle française dans les années 1860-1870. La participation des artistes américains au mouvement, exception faite de Mary Cassatt, est tardive. Robinson est à Paris en 1874, à l'époque de la première exposition impressionniste de la *Société anonyme des Artistes Peintres, Sculpteurs, Graveurs*, et de ses suites. Paradoxalement, Robinson, comme beaucoup de ses contemporains défenseurs de l'impressionnisme aux États-Unis dans les années 1890, paraît peu convaincu alors par son message.[22] En effet, de nombreux artistes américains préfèrent l'enseignement académique français, peut-être parce que la formation est hautement prisée par les Américains venus en grand nombre à Paris, délaissant le contexte défavorable des États-Unis.[23] Robinson, qui a su faire reconnaître son talent dans les milieux académiques tant aux États-Unis qu'en France, se tourne vers l'impressionnisme au moment où ce mouvement commence à susciter un certain intérêt en Amérique grâce à des expositions largement médiatisées, à New York ou à Boston.[24]

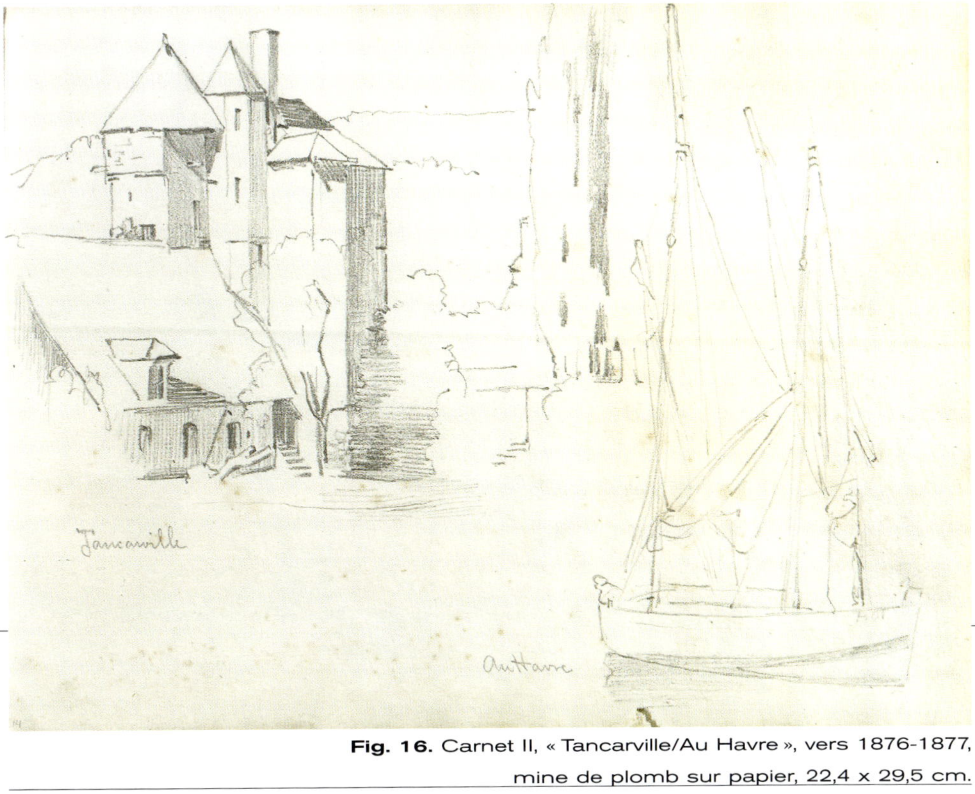

Fig. 16. Carnet II, « Tancarville/Au Havre », vers 1876-1877, mine de plomb sur papier, 22,4 x 29,5 cm.

Photographies : France, États-Unis

L'orientation de Robinson vers l'impressionnisme est confirmée par sa rencontre, probablement, dès 1885, avec Claude Monet (1840-1926), figure essentielle du mouvement (fig. 17).[25] Cette rencontre et l'amitié qui s'en est suivie a eu un impact significatif sur l'artiste américain. D'après Sona Johnston, spécialiste de Robinson, sa relation avec Monet, « fut à l'origine d'une synthèse des tendances présentes dans sa démarche artistique dès le milieu des années 1880, les transformant en un style impressionniste qui lui était personnel ».[26] Ce style se définit essentiellement par le manque d'enthousiasme de l'artiste à abandonner ses pratiques académiques : sa préférence pour le dessin réaliste et académique est une constante parmi les tons clairs et la touche divisée apprise des impressionnistes. Ce réalisme, manifeste surtout dans ses études de personnages, peut être également imputé à l'utilisation par Robinson de la photographie en tant que substitut de la peinture en plein air. Il use abondamment de cette méthode à Giverny, à l'époque de son exploration la plus intensive des techniques impressionnistes.[27]

Aujourd'hui, la réputation de Robinson est fondée sur ses œuvres impressionnistes de Giverny. C'est souvent à lui qu'est attribué le mérite d'avoir « découvert » en 1887 le petit village normand, qui allait devenir le site d'une des colonies d'artistes expatriés les plus dynamiques de cette fin du XIXe siècle. Monet s'est installé à Giverny dès 1883, et malgré sa tendance à éviter les contacts avec la communauté artistique étrangère, sa présence dans le village a contribué à son évolution artistique. Les artistes se sont rendus à Giverny afin de s'immerger dans une vie collective consacrée à l'expérimentation des principes fondateurs de l'impressionnisme : étude des effets fluctuants de la lumière, recherches sur la nature et la perception visuelle.

L'engagement de Robinson dans cette nouvelle voie s'épanouit à Giverny : sa palette s'éclaircit, sa touche capture les effets de la lumière et les fluctuations atmosphériques. A la même époque, il commence à utiliser la photographie

– d'une part, comme étude préliminaire de ses tableaux et, d'autre part, comme vue plus personnelle qui traduit, tout comme les esquisses des carnets, les objets de sa curiosité et son environnement quotidien. Parmi les photographies dont les lieux sont identifiés, la plupart sont prises par l'artiste à Giverny comme études préparatoires de certains tableaux. Dans quelques rares documents, Robinson décrit sa démarche : il réalise une première séance avec le modèle sur le site, puis travaille le tableau en atelier, à partir de l'épreuve photographique. Enfin des séances complémentaires avec le modèle sont nécessaires avant l'achèvement de l'œuvre. Une grille dessinée à la mine de plomb, souvent visible tant sur la photographie que sur la toile correspondante, indique son système de transposition de l'image d'un support à un autre. Sauf de rares exceptions, les détails de la photographie sont reproduits avec une grande fidélité dans ses compositions sur toile.

L'utilisation de la photographie dans des travaux d'atelier peut sembler paradoxale à une époque où Robinson explore tout aussi intensivement la peinture en plein air. Cependant, l'appareil photographique lui offre certains avantages sans compter une économie de temps et d'argent. La photographie est non seulement plus rapide que le dessin d'après nature, mais elle lui permet

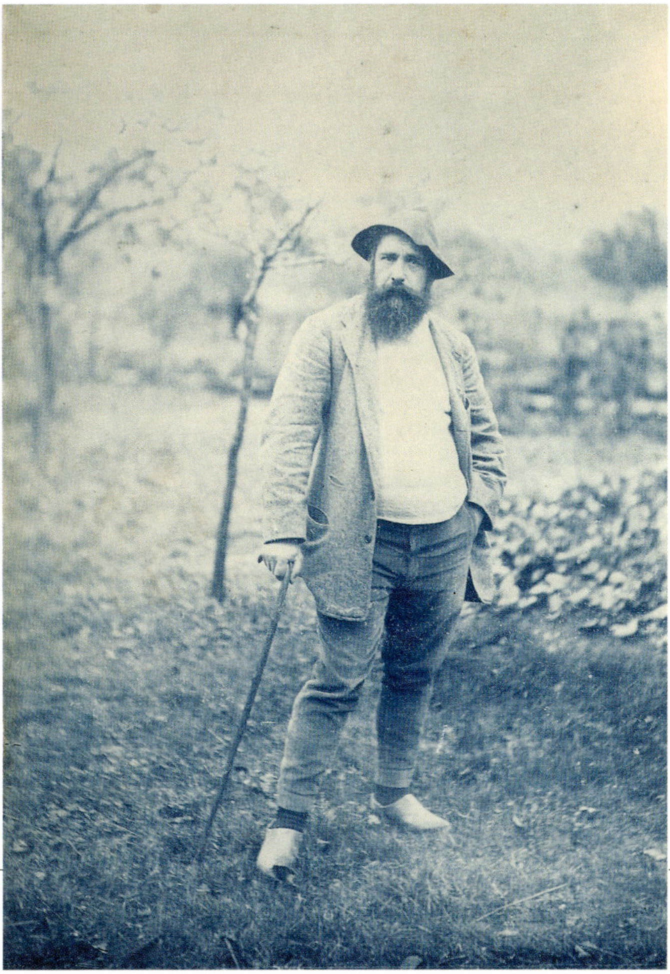

Fig. 17. [Portrait de Monet], vers 1890, cyanotype, 24 x 16,8 cm.

également de limiter le nombre de séances payantes avec un modèle. De plus, Robinson étant asthmatique, évite ainsi l'épuisement physique induit par l'effort de porter son quotidiennement matériel sur ses lieux de création. Par ailleurs, la photographie peut être considérée comme parfaitement compatible avec les idéaux de l'impressionnisme. Baur rappelle que « l'appareil photographique présente certains avantages dans la mesure où sa vision instantanée du monde est tout à fait en harmonie avec la recherche impressionniste d'effets spécifiques de la lumière et de l'atmosphère ».[28] Cette instantanéité est peut être plus importante encore dans le cadre de son intérêt pour l'aléatoire et le transitoire, qui correspond aux qualités de la photographie comme moyen d'enregistrement impartial du monde réel.

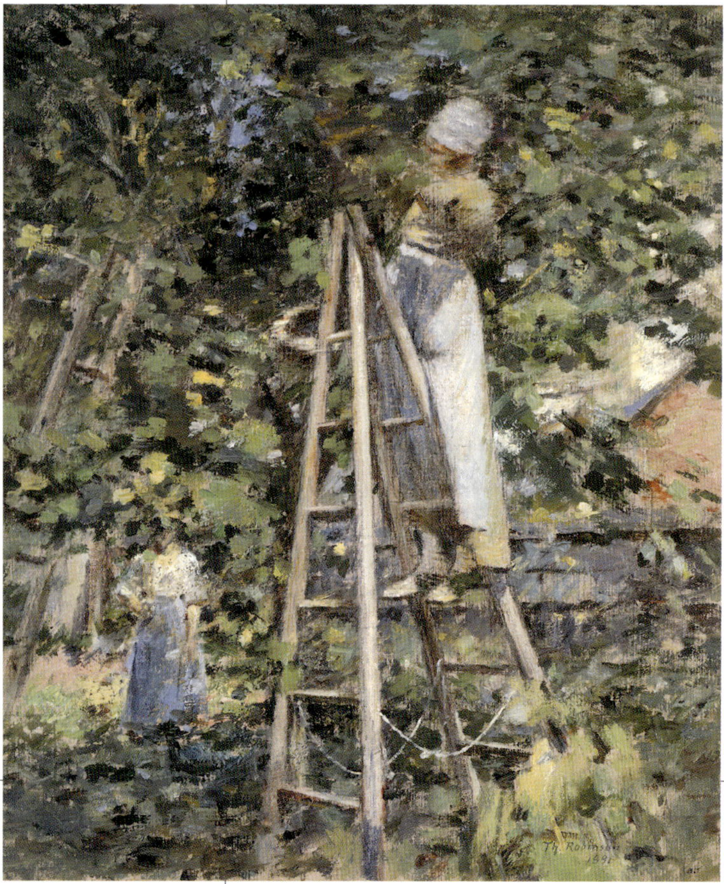

Fig. 18. ***La Cueillette des prunes***, 1891, huile sur toile, 55,9 x 45,7 cm. Georgia Museum of Art.

La Cueillette des Prunes (1891, Georgia Museum of Art) et la photographie correspondante, « Femme cueillant des fruits » (figs. 18 et 19) traduisent la fascination de Robinson pour l'anecdote et le momentané. Dans son choix de sujets, Robinson satisfait à la fois sa sensibilité impressionniste et cette focalisation sur le quotidien, si typique de son travail. Le contour diffus des formes sur la toile n'est pas dérivé d'une image photographique nette : cette dernière présente ce même flou si caractéristique de l'impressionnisme.

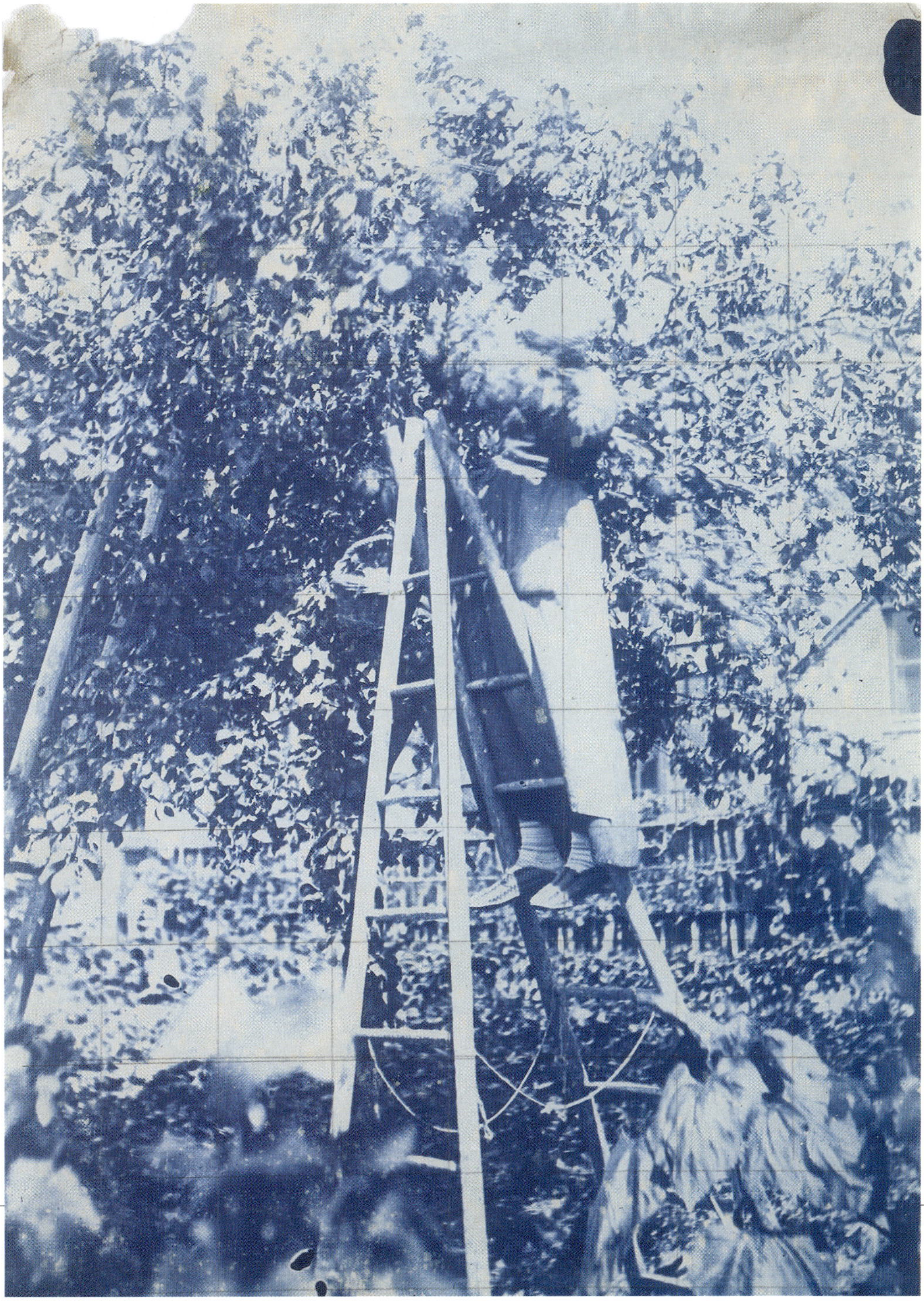

Fig. 19. [Femme cueillant des fruits], vers 1891, cyanotype, 24 x 15,9 cm.

Ainsi, Robinson a transposé directement sur la toile l'indication d'un mouvement rapide de la main du modèle et des branches de l'arbre avec le flou correspondant.[29] Manifestement, Robinson s'efforce d'explorer, dans cette épreuve photographique, les mêmes questions de représentation du réel qui le préoccupent dans ses œuvres sur toile. Dans son traitement identique de la cueilleuse de fruits avec la photographie, il respecte la nature avec cette fidélité attribuable également à la vision esthétique de Monet. Dans un article de 1892 rédigé pour la revue *Century Magazine*, Robinson exprime toute son admiration pour Monet, qui est à ses yeux :

> … le peintre le plus dynamique, le plus énergique, celui dont les travaux ont la plus grande influence sur son époque. Si Monet n'a pas, comme M. Guy de Maupassant le dit avec tant d'enthousiasme « découvert l'art de la peinture », il a certainement réussi à peindre l'eau, le ciel, l'air et la lumière du soleil avec une vérité inconnue avant lui.[30]

Robinson tente de cerner cette « vérité », malgré le caractère statique de la photographie. Le soin avec lequel il préserve l'intégrité de l'épreuve photographique tend à indiquer qu'il la considère comme un outil d'enregistrement fidèle du monde réel, l'aidant à peindre la nature dans sa vérité.

La maîtrise de Robinson des techniques photographiques est source d'interroga-

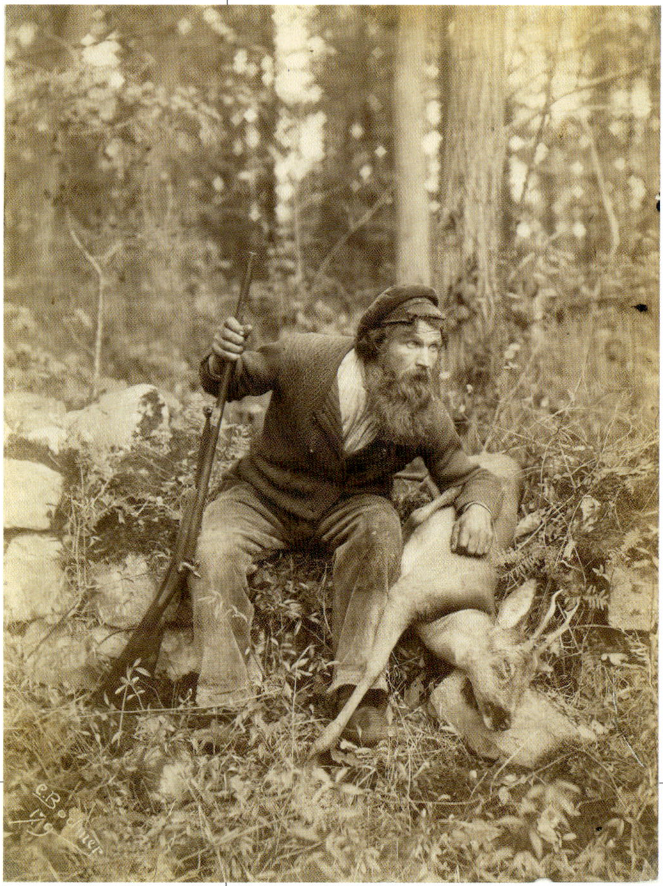

Fig. 20. [Homme avec un cerf mort], 1879, tirage sur papier albuminé, 24,8 x 18,4 cm.

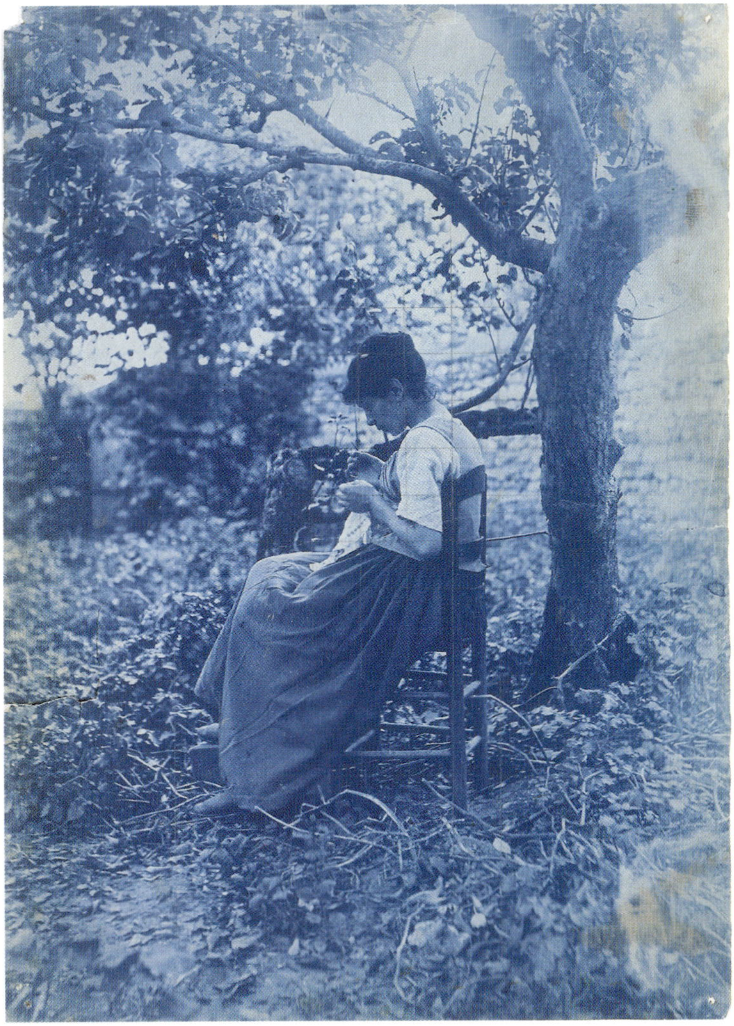

Fig. 21. [Femme assise cousant], vers 1892, cyanotype, 22,9 x 17,5 cm.

tion : ce flou est-il un effet artistique volontairement obtenu par le photographe, ou est-il le fruit du hasard ? S'il n'existe aucune certitude quant aux intentions de l'artiste, le fait qu'il ait choisi de transposer les effets de la photographie sur la peinture porte à croire qu'ils sont souhaités par Robinson ou, tout du moins, qu'il ressent une obligation de traduire la « réalité » optique.

Il est impossible de certifier à quelle époque Robinson a appris les techniques photographiques. Si Baur fait remonter sa première utilisation d'un appareil au début des années 1880, d'autres indications laissent penser que l'artiste utilise des photographies comme base préparatoire de certains tableaux dès 1873, lorsqu'il se trouve encore dans le Midwest à la recherche de sources de financement pour ses études artistiques new-yorkaises. Robinson annonce ses services dans les journaux locaux. Une de ces annonces, publiée dans *The Evansville Review*, du 3 décembre, est rédigée comme suivant :

> Notre jeune artiste, Theodore, séjourne à Janesville (Wisconsin) afin d'y donner des cours d'enseignement de l'art merveilleux du dessin au crayon, exécutant

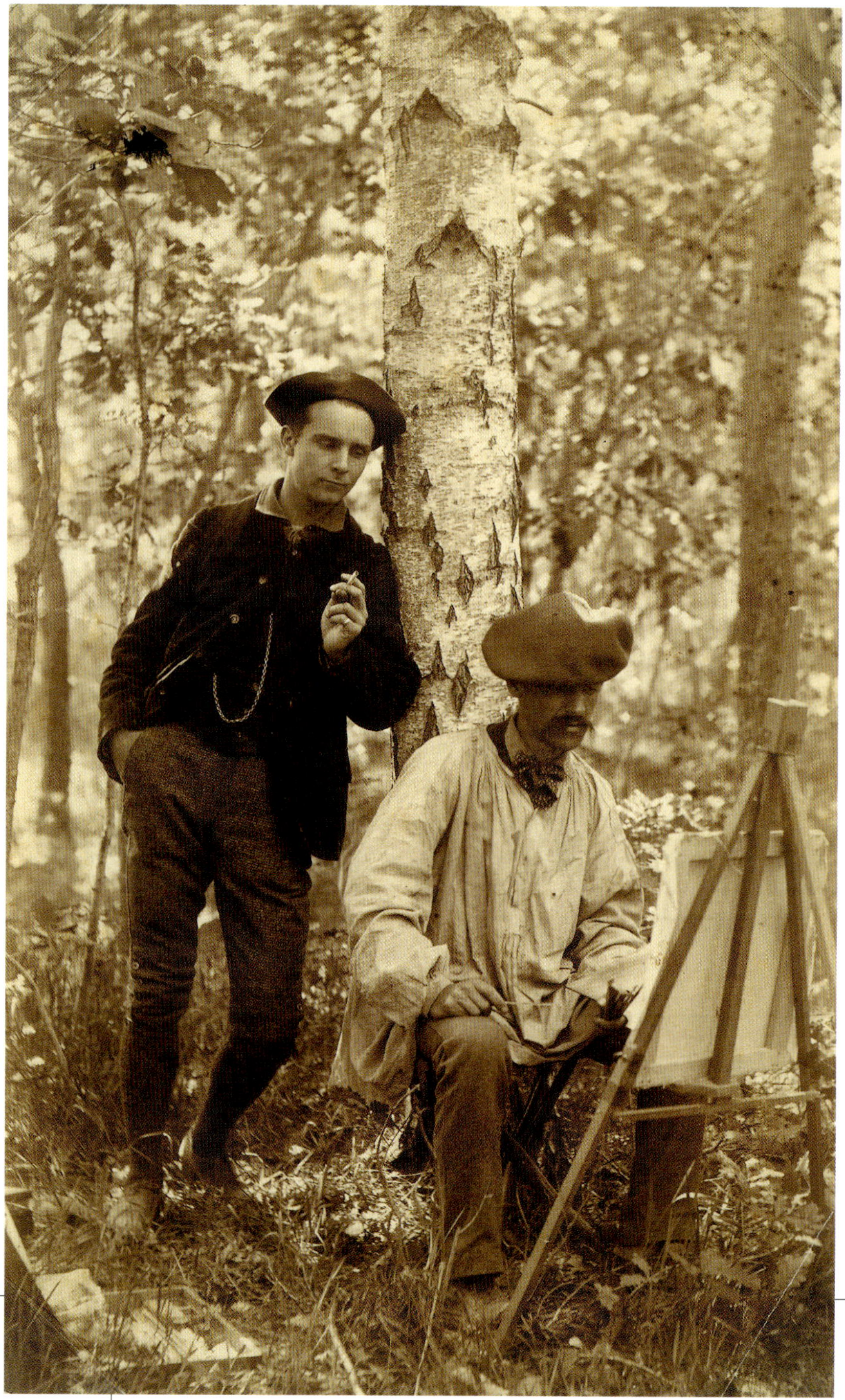

Fig. 22. [Theodore Robinson (assis) avec Kenyon Cox], s.d., tirage sur papier albuminé, 22,9 x 13,7 cm.

> par ailleurs des portraits grandeur nature à partir de photographies, prestation tout à fait agréable et hautement appréciée de bon nombre de nos citoyens.

Robinson a, sans aucun doute, déjà commencé à utiliser des photographies dans ses travaux d'atelier. Cependant il n'est pas certain que les photographies soient prises par lui. En toute vraisemblance, ses modèles sont venus à l'atelier déjà munis de leurs photographies, comme pour « Homme avec un cerf mort » (fig. 20). Son négatif porte l'inscription « C. Bodmer, '79, » qui correspond peut-être au nom du photographe, ce qui indique que l'épreuve, réalisée préalablement, a été remise à Robinson pour qu'il la dessine.[31]

L'utilisation des techniques photographiques permet à Robinson de se familiariser avec le procédé de transposition de l'image sur la toile, et, le moment venu, il s'est mis à photographier lui-même. L'étendue de son savoir-faire et la source de sa formation initiale dans ce domaine sont inconnues. Cependant, sa maîtrise de la prise de vue et du tirage est manifeste dans son obtention d'effets visuels déterminés. Le flou de certains cyanotypes comme « Femme cueillant des fruits » (fig. 19) ou « Femme assise en train de coudre » (fig. 21) présente un contraste frappant par rapport au « Portrait de Monet »[32] ou à « Theodore Robinson (assis) avec Kenyon Cox » (fig. 22).[33] Les intentions derrière les effets obtenus dans certaines de ses photographies revêtent une certaine complexité dans le cadre du débat contemporain sur la question de la netteté de l'image photographique.

En 1853, le peintre anglais Sir William John Newton (1785-1869) défend l'utilisation de la photographie comme aide à la peinture, ainsi que la modulation de la mise au point afin d'obtenir certains effets. Dans sa conférence « De la photographie considérée du point de vue artistique et sa relation avec les beaux-arts » à la *Photographic Society of London*, Newton affirme que la photographie :

> ... peut permettre des progrès importants... L'appareil photographique peut constituer une aide pratique dans les études [de l'artiste] et je dirais même

> que je ne considère pas qu'il soit nécessaire que tout le sujet photographié soit, selon le terme utilisé, « au point » ; au contraire, j'ai trouvé dans bien des cas que le but recherché est atteint de manière plus efficace si la totalité du sujet est légèrement floue, car l'on obtient par ce moyen un effet plus ample, et par voie de conséquence, une suggestion plus profonde du vrai caractère de la réalité.[34]

Mais Newton met aussi en garde : cette démarche doit servir « aux artistes afin de les aider dans leurs études », sans être généralisée à tous les amateurs s'adonnant à la photographie. Robinson n'a probablement pas été informé des idées de Newton, mais sa capacité à obtenir des effets photographiques comme le flou, la netteté ou certains effets d'ambiance témoigne de son savoir-faire.[35] Ainsi, dans « Femme dans l'encadrement de la porte » (fig. 23), Robinson crée un fort contraste entre la lumière et l'ombre, plaçant la femme debout dans une pièce sombre, illuminée par un flot de lumière émanant d'une porte ouverte à sa gauche. Le modèle et son panier, ainsi que d'autres détails de la pièce, sont tout à fait nets, résultat difficile à obtenir en soi, compte tenu des limites de la technologie de l'époque. Robinson a dû maîtriser et diriger le flux lumineux arrivant dans la pièce afin d'éviter la surexposition. Ainsi, il a peut-être été amené à prévoir au moins deux expositions de la plaque afin de permettre au négatif d'enregistrer des détails dans les zones plus obscures : l'une avec le flux de lumière de la porte ouverte, et l'autre avec le flux de cette lumière absente ou diminuée. Si nous ne pouvons qu'émettre des hypothèses quant aux méthodes utilisées par Robinson, nous pouvons nous reporter à la description des défis de la photographie en intérieur qu'offre un auteur contemporain :

> Dans le cas de la réalisation des images en intérieur, l'illumination n'est pas fournie par la nature, comme c'est le cas en plein air, mais par le photographe… Les fenêtres, source de la lumière, sont également source de grands

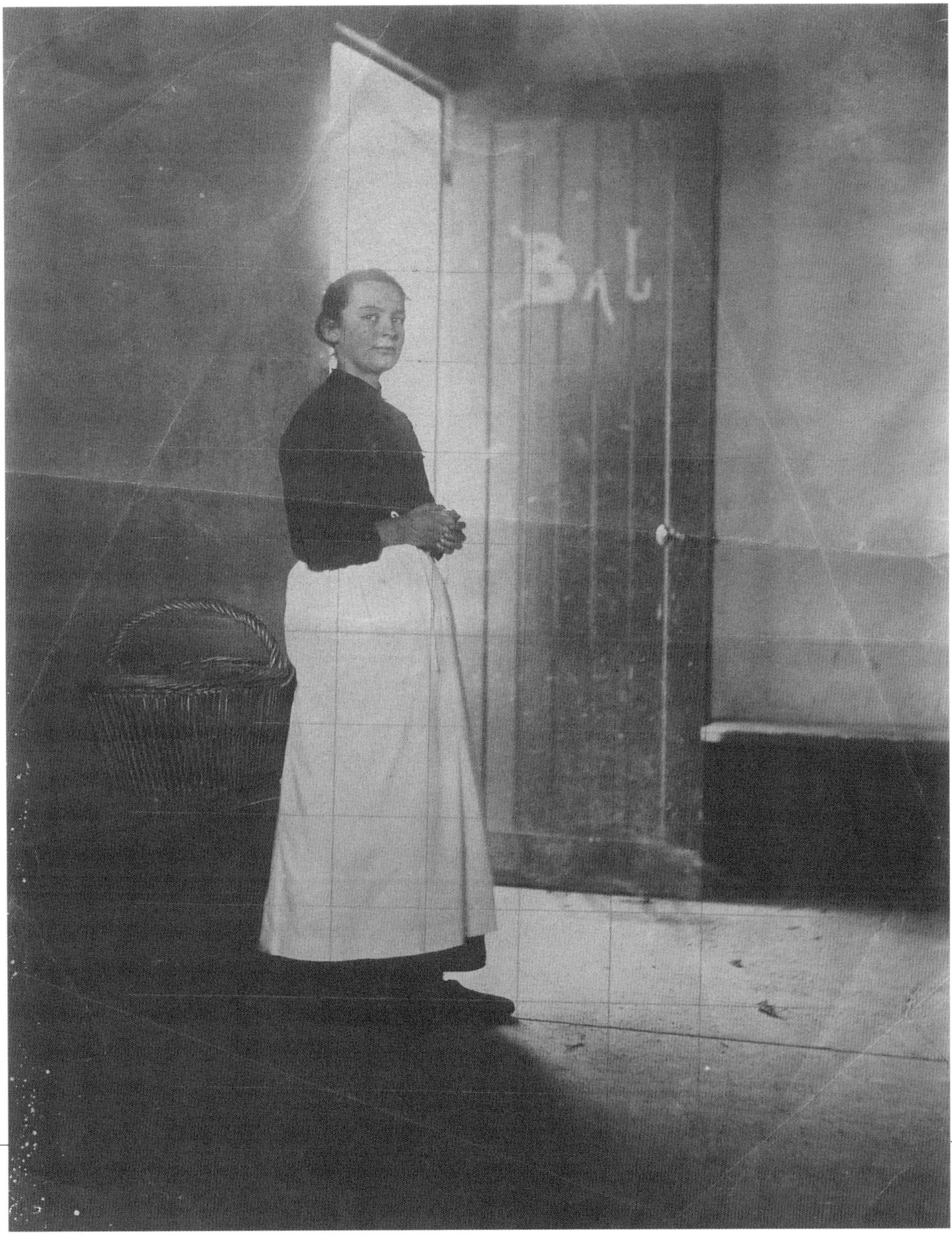

Fig. 23. [Femme dans l'encadrement de la porte], vers 1891, cyanotype, 22,2 x 17 cm.

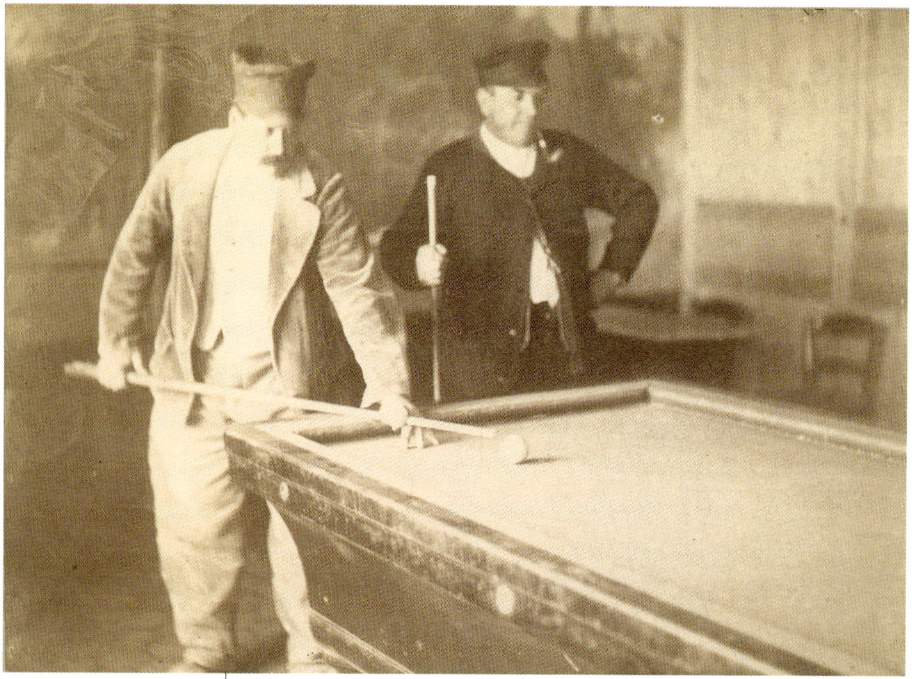

Fig. 24. [Deux hommes jouant au billard], s.d., tirage sur papier albuminé, 16,8 x 22,5 cm.

> soucis, car elles ne nécessitent elles-mêmes que la brève exposition prévue pour un paysage, tandis que l'intérieur sombre exige un temps d'exposition peut-être cinquante fois plus long. Afin de surmonter cette difficulté, toute fenêtre se trouvant dans le champ de l'objectif doit être couverte avec soin jusqu'à ce qu'une exposition satisfaisante ait été obtenue pour le reste de la pièce. Le cache est alors remis en place sur l'objectif, les couvertures enlevées de la fenêtre et un temps d'exposition bref donné à l'ensemble.[36]

Une telle sophistication technique se retrouve souvent dans ses photographies plus personnelles. « Theodore Robinson (assis) avec Kenyon Cox », l'un des rares autoportraits connus parmi les photographies réalisées par Robinson, témoigne de sa maîtrise de la prise de vue. Cette image, probablement prise en France, dévoile la réalité quotidienne du travail de Robinson en plein air.[37] Bien que la scène paraisse improvisée, Robinson l'a sans doute soigneusement préparé, réglant l'appareil afin de permettre à une troisième personne d'assurer la prise de vue, sinon impossible. En effet, cette présence est nécessaire pour enlever et remettre le cache afin d'exposer la plaque.[38] La pose rigide de Cox et l'apparente insouciance de Robinson, sont autant d'éléments complémentaires qui indiquent une approche planifiée. Cette photographie n'est peut-être qu'un document montrant les habitudes de travail de l'artiste, mais de telles préoccupations devaient bientôt évoluer vers une représentation plus complexe de l'environnement des artistes de la colonie.

La photographie énigmatique « Deux hommes jouant au billard » (fig. 24), de lieux et de dates inconnus, offre également une image privilégiée du contexte social de Robinson. Elle a peut-être été prise à l'Hôtel Baudy, où Robinson descendait souvent lors de ses séjours à Giverny, et son thème se rapproche plus des premiers carnets que des compositions plus formelles des autres photographies. Les défauts de l'épreuve, visibles dans les variations de surface dans son coin supérieur gauche, sont dus au tirage plutôt qu'à une manipulation volontaire au moment de la prise de vue. Cette photographie propose un instantané, quoique peu spontané, du contexte quotidien de l'artiste, réaffirmant son intérêt constant pour la représentation des faits de la vie quotidienne.

Malgré sa maîtrise technique indéniable, Robinson est néanmoins partagé sur son utilisation de la photographie et exprime ses doutes dans son journal. Certaines remarques, comme celle du 1er janvier 1895, par exemple, indiquent que : « Dans le passé, trop de choses ont commencé de manière satisfaisante, mais trop de photo, trop peu de modèle, de temps, etc. » Quelques mois plus tard, il émet une mise en garde : « Je dois être conscient de la photo, en extraire ce que je peux, avant de passer outre. »[39] Si Robinson maintient volontiers une attitude équivoque quant à sa méthode, son dernier carnet suggère que son utilisation de la photographie continue, empiétant dans certains cas sur sa pratique du dessin.

Carnet III : Retour aux États-Unis

Les œuvres tardives de Robinson, datant de son retour à New York après son départ de Giverny en 1892, contiennent des éléments qui démontrent son usage des techniques photographiques tout au long des années 1890. Ainsi, le tableau de 1892, *Twachtman's House* (collection privée), peut être directement associé à la prise de vue « Scène de neige avec maison » (fig. 25), dans la collection de la Terra Foundation for the Arts. Ces deux vues hivernales représentent la maison de John Henry Twachtman (1853-1902), ami et confrère de Robinson. La suppression des trois enfants adossés au mur dans la photographie est la seule modification importante qu'il apporte. Selon Baur, cette photographie est la première prise par Robinson après son retour aux États-Unis. Il n'en reste pas moins que Robinson se plaint constamment de son besoin de recourir à ce procédé : « Je ne sais pas vraiment pourquoi je procède ainsi [...] un peu parce que je suis à N.Y. [New York] et les autres le font aussi – c'est une idée dans l'air. »[40] L'utilisation de photographies dans la réalisation d'études sur toile est répandue : cette méthode est utilisée par des artistes en Europe et aux États-Unis, entre autres par Edgar Degas (1834-1917) ou Thomas Eakins (1844-1916).[41]

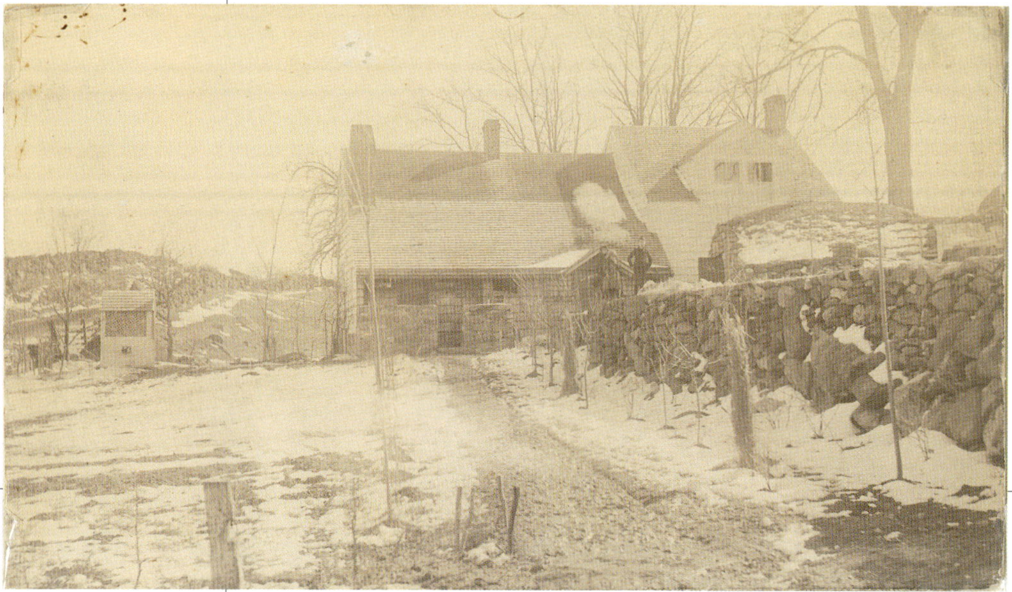

Fig. 25. [Scène de neige avec maison], vers 1892, tirage sur papier albuminé, 14 x 23,5 cm.

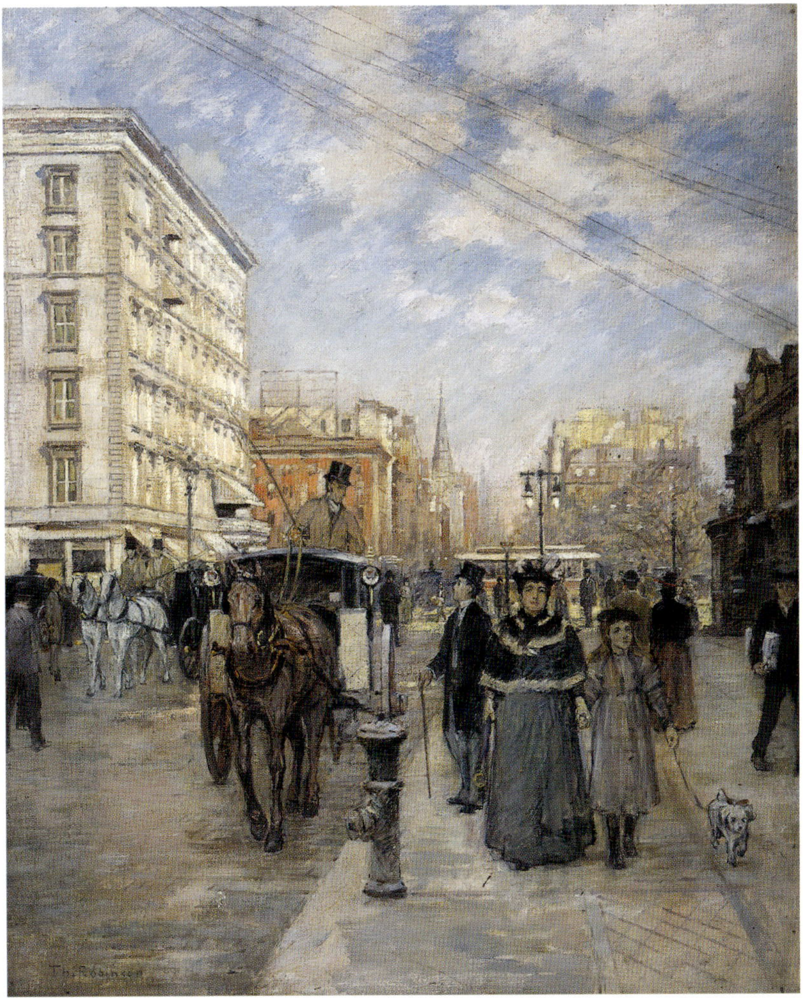

Fig. 26. ***La Cinquième Avenue à Madison Square***, 1894-1895, huile sur toile, 61,3 x 48,9 cm. Columbus, Columbus Museum of Art.

Robinson n'a jamais abandonné la photographie. Le matin même du 1er janvier 1895, date à laquelle il déclare utiliser « trop de photo », Robinson travaille à son atelier sur un tableau de la 5e avenue vue de la 22e rue (fig. 26), pour *Scribner's Magazine*, à partir d'une prise de vue du sujet.[42] Il utilise également des esquisses, situées à la fin du troisième carnet. Les dessins, comme les photographies, documentent

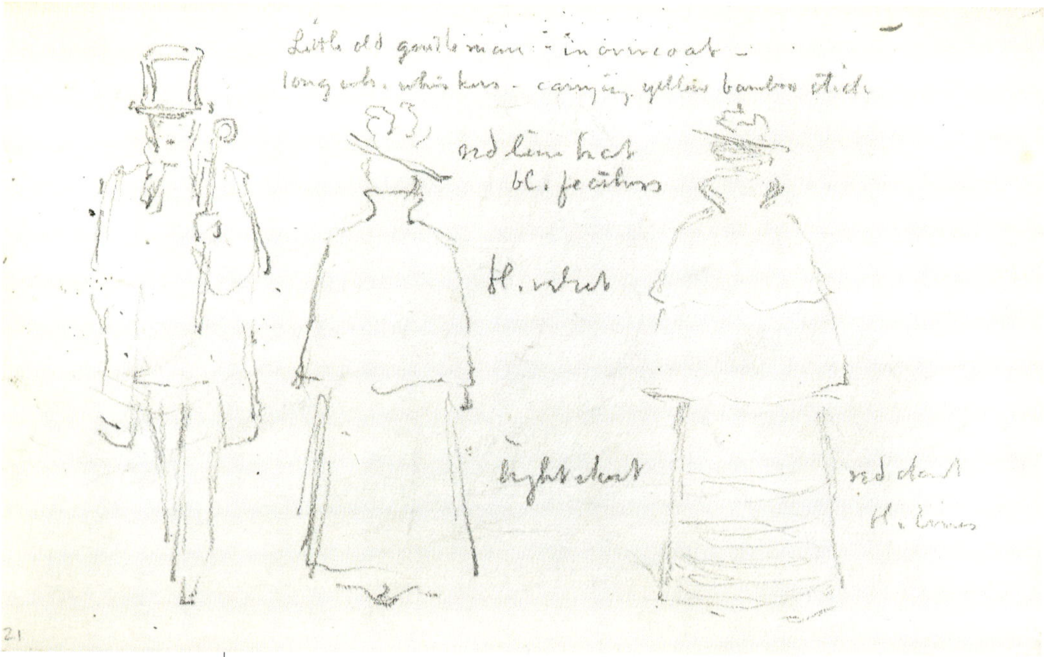

Fig. 27. Carnet III, « Little old gentleman – in overcoat... », 1894, mine de plomb sur papier, 10,2 x 18,9 cm.

sa démarche, démontrant qu'il se rend sur place pour dessiner, et fait appel à une image photographique comme aide visuelle pour ses travaux en atelier. Robinson écrit dans son journal que le 27 novembre 1894 il a « rencontré un photographe chez *Scribner's* et je l'ai accompagné pour faire quelques prises de vue du 5e avenue au niveau de la 22e rue ». Un mois plus tard, le carnet montre Robinson travaillant dans la rue pour y recueillir détails et renseignements. Il y dessine principalement des figures, ajoutant quelques commentaires à côté d'esquisses rapides de passants comme « Little old gentleman – in overcoat… » [Petit vieux monsieur – en manteau…] (fig. 27) – ou notant au passage des objets vus dans la rue.

Deux autres dessins achevés dans cette série représentent un carrosse attelé, vu de devant et de derrière. Robinson a rédigé quelques commentaires brefs mais précis, indiquant, au bas du dessin du carrosse vu de devant, des corrections spécifiques à faire (fig. 28). En revanche, l'esquisse qui le représente vu de derrière (fig. 29) est

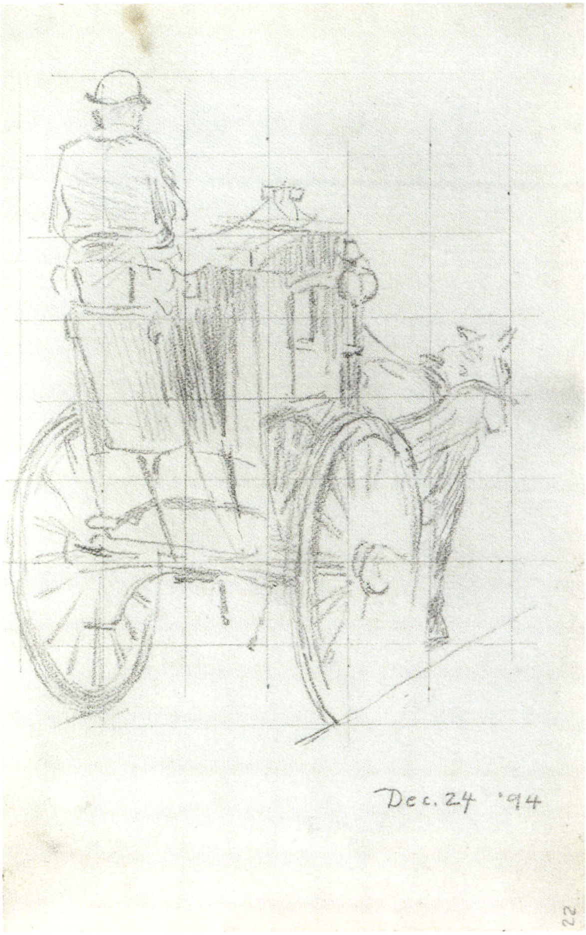

Fig. 29. Carnet III, « Dec. 24, '94 », 1894, mine de plomb sur papier, 18,9 x 10,2 cm.

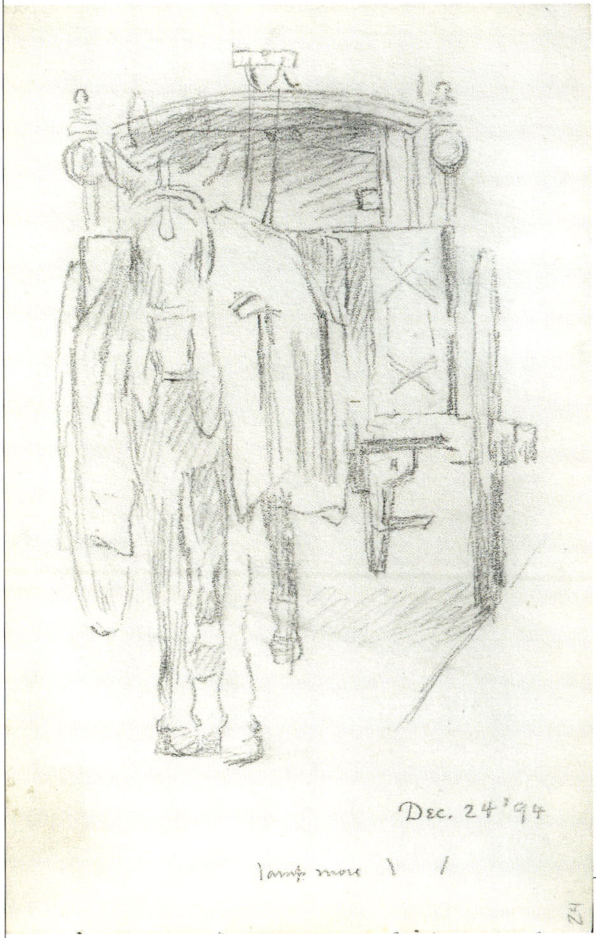

Fig. 28. Carnet III, « Dec. 24, '94... », 1894, mine de plomb sur papier, 18,9 x 10,2 cm.

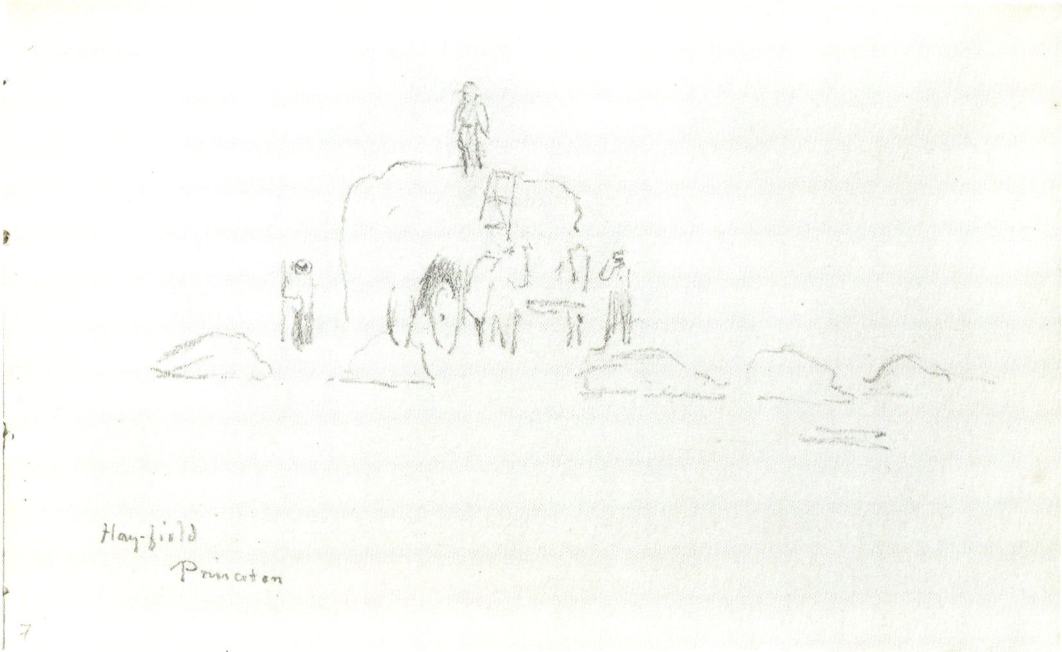

Fig. 30. Carnet III, « Hayfield, Princeton », 1894, mine de plomb sur papier, 10,2 x 18,9 cm.

curieuse dans la mesure où elle intègre visiblement le système de grille que l'artiste utilise surtout dans ses photographies. Sur ce dessin, Robinson a superposé une grille, comme il l'aurait fait pour une photographie, indiquant ainsi son intention de transposer cette étude sur la toile. Si le tableau définitif révèle qu'en fin de compte il n'a pas exploité ce détail, cet exemple illustre néanmoins le chevauchement de ses activités de dessinateur et de photographe.

Au-delà de ces questions techniques, le troisième carnet révèle les recherches de Robinson en matière de style, d'identité et d'orientation artistiques après son séjour à l'étranger. À son retour à New York, Robinson est considéré comme un artiste américain prometteur – réputation confortée par son passage à Giverny, où, selon William Low, il fut « après Monet […] le peintre certainement le plus admiré [par] toute cette foule d'impressionnistes en herbe ».[43] La reconnaissance de son talent se manifeste également dans son activité de critique moderne.

Durant ces années aux États-Unis, la revue *The Century Magazine* et John C. Van Dyke (1856-1932), auteur de l'ouvrage *Modern French Masters*, lui commandent des essais critiques et un bilan sur l'état de l'art moderne. Il écrit aussi pour Hamlin Garland (1860-1940), critique très réputé, dont le texte de 1894 sur l'impressionnisme est considéré comme l'analyse définitive d'un style artistique qui suscite alors un véritable engouement aux États-Unis, tant de la part des artistes que des collectionneurs.[44]

La réussite de Robinson l'amène à accepter des contrats d'enseignement de courte durée. Ainsi, il est chargé d'un cours d'été d'un mois pour Evelyn College, petit établissement féminin affilié à l'Université de Princeton dans le New Jersey. Dans le troisième carnet, Robinson réalise l'esquisse intitulée « Hayfield, Princeton » (fig. 30), pendant qu'il surveille sa classe peignant en plein air dans les champs environnant Princeton. Dans son journal, il écrit, à la date du 17 juillet 1894 : « j'ai commenté le travail de mes dix élèves disséminés un peu partout dans le chaume – champs et chemins [...] Commencé une toile à 5 heures du soir, champ moissonné avec meules de foin et arbres ».[45] Bien qu'à notre connaissance, « Hayfield, Princeton » n'est pas une étude pour un tableau, les esquisses de cette époque dévoilent sa manière d'exploiter ses carnets comme source de scènes ordinaires et de motifs. Il témoigne à nouveau de l'intérêt que Robinson porte à la réalité du travail et de la vie de tous les jours.

Le caractère universel de ces images, la manière dont elles relient ses expériences européennes et américaines, créent des problèmes pour Robinson, qui, après son retour de France, peine à déterminer une orientation artistique personnelle. Il exprime sa frustration devant son adoption de styles européens pour représenter des vues américaines et n'est pas le seul à éprouver ce sentiment. La question d'un style américain spécifique est au cœur de certains débats de l'époque sur l'état de l'art américain. Cette discussion est le point de mire du recueil à succès publié par

Hamlin Garland en 1894 : *Crumbling Idols* [Idoles défaillantes]. Garland affirme que « le défaut fatal de l'art américain a été, et est encore, sa démarche imitative, qui fait qu'il est toujours à la fois fade et factieux – des roses cultivées en serre, plutôt qu'un épanouissement de plantes indigènes poussant en pleine nature ». Il fait valoir sa « conviction intime que l'art, pour être vivant, doit s'attacher à un terroir [...] Le fait d'être dépendant de groupes artistiques anglais ou français est rédhibitoire pour un art spontané et individualisé ».[46] Garland affirme en outre que la lumière et l'atmosphère sont variables en fonction du lieu et, par conséquent, une toile peinte en Amérique, ne saurait, pour des raisons intrinsèques, ressembler à une scène analogue réalisée en France. Le lieu et sa représentation fidèle sont devenus des préoccupations primordiales pour de nombreux Américains de retour d'Europe avec l'ambition d'inventer une esthétique spécifiquement américaine.

Dans le but d'éviter l'imitation, Robinson part à la recherche de sujets typiquement « américains ». Il voyage sur la côte Est, dans le Vermont, le Delaware, à New

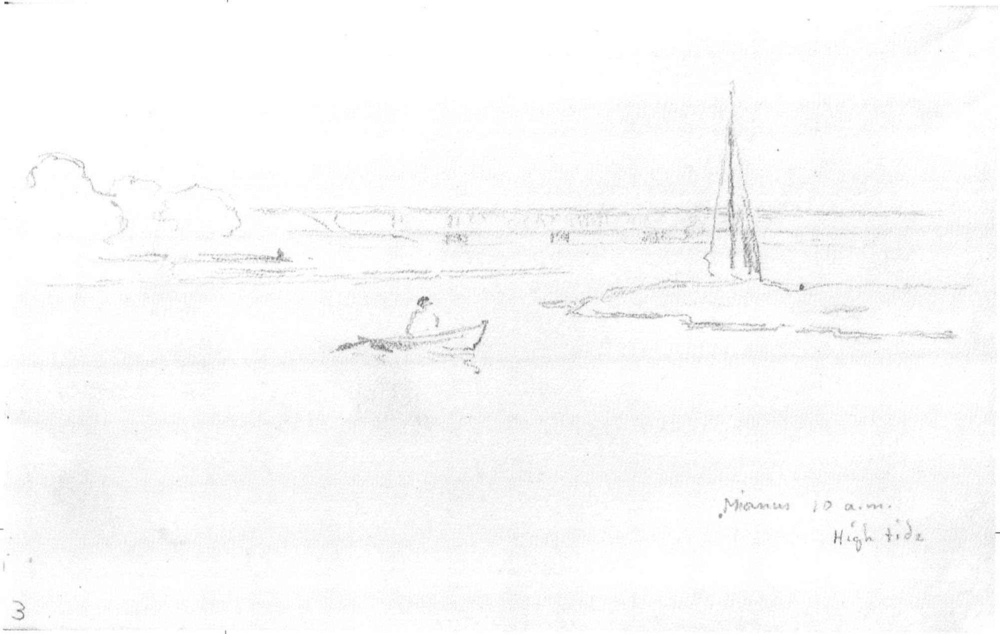

Fig. 31. Carnet III, « Mianus, 10 a.m., Hightide », 1894, mine de plomb sur papier, 10,2 x 18,9 cm.

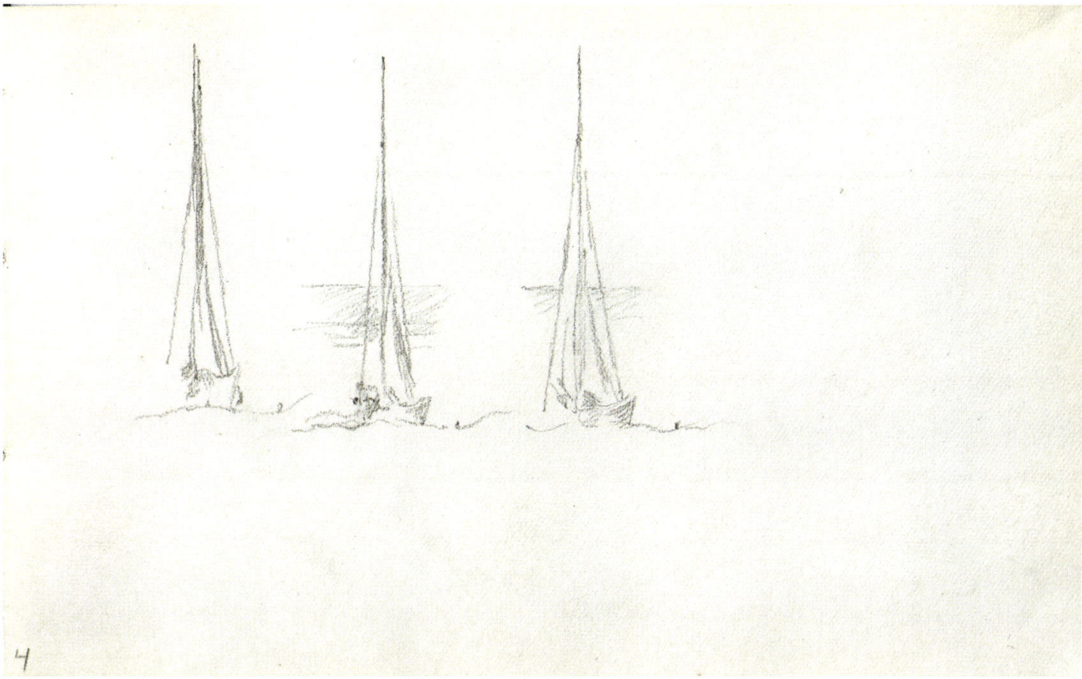

Fig. 32. Carnet III, [trois voiliers], 1894, mine de plomb sur papier, 10,2 x 18,9 cm.

York, dans le New Jersey, la Pennsylvanie et le Connecticut, pour enseigner ou rendre visite à des amis ou parents. Pendant ces séjours, il travaille sur des paysages locaux. À Greenwich dans le Connecticut, Robinson rend visite à son ami proche, l'artiste John Henry Twachtman, et passe l'été 1894 dans la commune limitrophe de Cos Cob, toujours à la recherche de scènes typiquement américaines.[47] Il y étudie le paysage et poursuit de nouvelles structures de composition, comme le témoigne son esquisse « Mianus, 10 a.m., Hightide » [Mianus, 10 heures du matin, marée haute] (fig. 31) ou son croquis rapide de trois voiliers (fig. 32). Ces dessins sans prétention laissent entrevoir une sensibilité et une simplicité nouvelles, capables d'exprimer la tranquillité de ce village de pêche. Ils se rapprochent des préoccupations thématiques et des techniques de ses toutes premières esquisses des années 1870, tout en atteignant un niveau de sophistication inconnu jusqu'alors, grâce à sa simplification des formes et des relations spatiales.

Conclusion : Un art rétrospectif et prospectif

Durant l'hiver 1895, quelques mois seulement après l'été passé à Cos Cob, Robinson fait valoir son « abandon » de la couleur, qui prédomine pourtant dans ses œuvres impressionnistes, en faveur d'une recherche de simplicité dans le dessin. Se souvenant de ses débuts artistiques, l'artiste écrit :

> Bien que, pendant les six dernières années environ, j'ai toujours valorisé la couleur, j'ai envie d'aller vers une vraie concentration sur le dessin ; cette optique « Holbein » ou « japonaise » correspond depuis toujours à ma façon de voir le monde réel – je pense aux esquisses au crayon de mes débuts, et à ces Français qui traitaient mes dessins en 1876 de « sec et primitif ».[48]

Robinson récuse ainsi, de manière rétrospective, l'emprise impressionniste sur son œuvre tout en prenant en compte la diversité des influences et les styles qui ont guidé son évolution d'artiste. Il exprime également, dans ces quelques phrases, l'intérêt qu'il porte au dessin, un peu plus d'un an avant sa mort prématurée en avril 1896, en se reportant à ses travaux d'étudiant new-yorkais ou parisien condamnés par ses maîtres français, comme « sec et primitif ». Cette optique rajeunie, révèle des préoccupations maintenues tout au long de son parcours d'artiste – ceci en dépit des variations dues aux styles et aux lieux, et quels que soient le contexte et le but du moment.

Cependant, dans les techniques si différentes de la photographie et du dessin, le quotidien apparaît comme un concept majeur pour Robinson, traduisant des thèmes et des centres d'intérêts inchangés dans toute son œuvre. Il est encore plus important de réaliser que ces créations gardent une signification essentielle pour Robinson tout au long de sa carrière. Les images plus achevées des photographies permettent de mieux comprendre sa démarche professionnelle. Le fait que Robinson garde cet ensemble d'épreuves photographiques pendant tant d'années laisse deviner qu'elles revêtent une signification profonde à ses yeux. Sa valorisation de ses premières esquisses, au moment même où il commence à être reconnu en tant qu'artiste réputé possédant une approche artistique personnelle, achève ainsi sa quête de valeurs esthétiques.

Comme les photographies et les dessins le soulignent, une réflexion sur le quotidien apparaît comme le thème principal qui domine, sous diverses formes, l'art de Robinson. Non content d'illustrer son profond intérêt pour la vie quotidienne dans sa création artistique, Robinson l'a aussi fréquemment exprimé dans ses textes critiques. Dans un essai posthume sur le peintre français Jean-Baptiste-Camille Corot (1796-1875), Robinson décrit la sensibilité profonde qu'il partage avec ce maître :

> Les choses et les gens ordinaires sont dignes d'être représentés en peinture. L'idée démocratique dans l'art, qui ne méprise aucune chose, qui ne renie rien, et qui recherche le beau et le typique partout, même dans les contextes les plus humbles, cette idée a triomphé.[49]

Cette forte croyance est présente dans l'œuvre de Robinson depuis le début – et sa force réside peut-être dans le fait qu'il se soit dévoué en tant qu'artiste à ce projet philosophique.

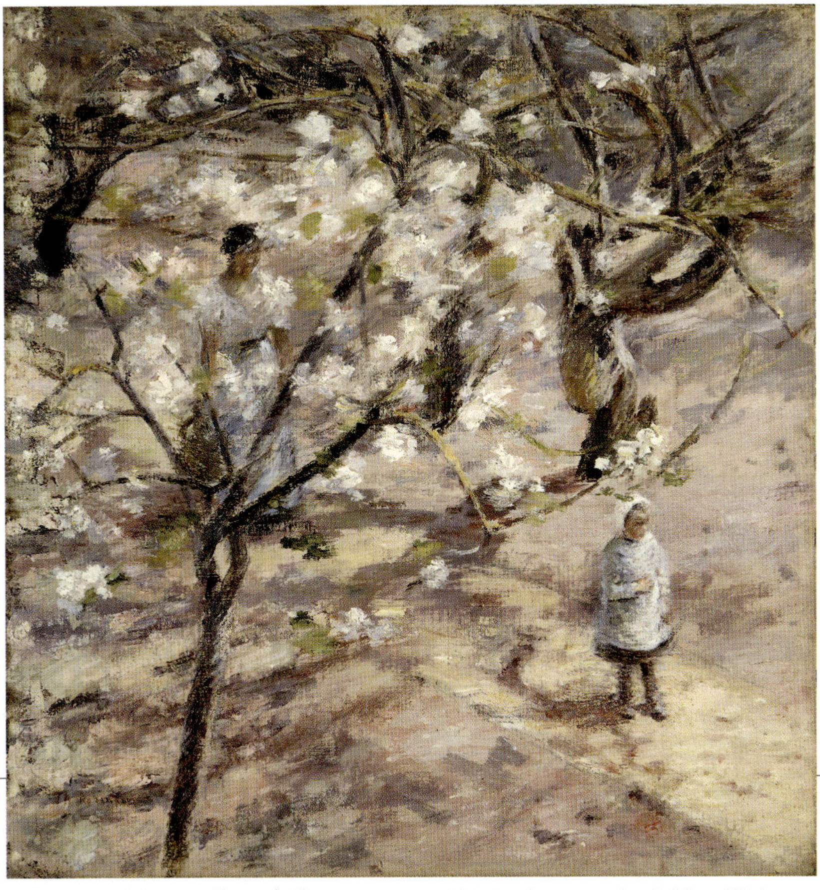

Arbres en fleurs à Giverny, 1891-1893, huile sur toile, 54,9 x 51,1 cm.
Chicago, Terra Foundation for the Arts.

[1] Une telle association de la peinture impressionniste avec la représentation de la vie ordinaire et quotidienne mérite une analyse plus nuancée que celle proposée ici, nous utilisons ces termes selon leurs définitions habituelles. Pour une discussion des implications des stratégies de représentation et de la rhétorique du quotidien dans l'art impressionniste et post-impressionniste, voir, parmi d'autres ouvrages, Timothy J. Clark, *The Painting of Modern Life : Paris in the Art of Manet and His Followers*, éd. révisée, Princeton, Princeton University Press, 1999 ; Robert Herbert, *Impressionism: Art, Leisure and Parisian Society*, New Haven, Yale University Press, 1988 ; Martha Ward, *Pissarro, Neo-Impressionism and the Spaces of the Avant-Garde*, Chicago, University of Chicago Press, 1996. Sur la question de la représentation de la vie à la campagne, voir Richard Brettell, *Painters and Peasants in the Nineteenth Century*, New York, Rizzoli, 1983.

[2] « Femmes à la rivière » est une étude photographique pour *The Gossips : Three Women Washing Clothes, Giverny* (1891, McKean Brothers). Par ailleurs, quelques différences entre photographie et peinture existent : l'enfant sur le mur du pont de pierre à l'arrière-plan droit de la photographie se trouve à droite au premier plan du tableau, et la porte au centre de l'arrière-plan est ouverte dans le tableau.

[3] Cité par Ruth Ann Montgomery dans « Ventures into Evansville's Past… Theodore Robinson – Impressionistic Painter », *The Evansville Review*, mercredi 24 avril 1996, p. 7.

[4] Pearl H. Campbell, « Theodore Robinson : A Brief Historical Sketch », *The Brush and Pencil*, septembre 1899, vol. 4, pp. 287. Robinson a séjourné dans le Colorado, pour y soigner son asthme, et s'est rendu régulièrement à Chicago et à d'autres endroits dans le Midwest. Pour une biographie détaillée de Robinson, voir John I. H. Baur, *Theodore Robinson, 1852-1896*, Brooklyn, Brooklyn Museum, 1946 et Sona Johnston, *Theodore Robinson, 1852-1896*, Baltimore, Baltimore Museum of Art, 1973. Voir également William H. Gerdts, *American Impressionism*, Seattle, University of Washington Press, 1980, pp. 51-56. Je me suis également beaucoup reportée aux journaux intimes de Theodore Robinson dans la collection de la Frick Art Reference Library à New York.

[5] Baur, p. 14. Baur cite Robinson comme étant « impliqué dans la création de l'Art Student's League. » Cependant, nous ne savons pas l'importance de sa participation, car le registre officiel des étudiants inscrits à l'Art Student's League en 1875-1877 n'est pas localisé à l'heure actuelle. Selon l'archiviste de cet établissement, Stephanie Cassidy, il n'existe aucune documentation de l'époque sur une quelconque contribution de Robinson (correspondance du 26 novembre 1999, dossiers de la collection de la Terra Foundation for the Arts, Terra Museum of American Art, Chicago). Certains documents de l'École des beaux-arts indiquent que Robinson se trouve à Paris deux mois après l'inauguration de l'Art Student's League, ce qui met également en doute sa participation. Sur le premier voyage de Robinson à Paris, voir H. Barbara Weinberg, *The Lure of Paris : Nineteenth Century American Painters and Their French Teachers*, New York, Abbeville Press, 1991, p. 212. Sur la création de la Art Student's League, voir Judd Tully, " The Art Student's League of New York ", *American Art*, août 1984, vol. 48, n° 505, pp. 52-53, 74 et 76.

[6] Selon David Derringer, conservateur en chef de la National Academy of Design (à l'occasion d'une conversation téléphonique le 20 décembre 1999). M. Derringer a tiré cette information des dossiers d'inscription de la NAD. Nous savons également qu'un étudiant prénommé L.S. Sloan était inscrit à l'Art Student's League en 1877 (voir correspondance Cassidy, 26 novembre 1999, dossiers collection Terra Foundation for the Arts, Terra Museum of American Art, Chicago).

[7] Sur Central Park et son zoo, voir Roy Rosenweig et Elizabeth Blackmar, *The Park and the People : A History of Central Park*, Ithaca, Cornell University Press, 1992, pp. 135, 200, 203, 340-349.

[8] Rosenweig, p. 344.

[9] Weinberg, *The Lure of Paris*, p. 212.

[10] Weinberg, *The Lure of Paris*, p. 212. Weinberg fait état de dossiers de l'École des beaux-arts, qui indiquent l'inscription de Robinson à l'atelier de Henri Lehmann le 2 novembre 1875. Jusqu'à maintenant, les historiens de l'art ont situé l'arrivée de Robinson en France l'année suivante, en 1876. Sur le système académique en France, voir Weinberg, *The Lure of Paris*.

[11] Sur le phénomène du *Grand Tour* et le tourisme américain des XVIIIe et XIXe siècles, voir Neil Harris, *The Artist in American Society : The Formative Years, 1790-1860*, New York, George Braziller, 1966, pp. 124-144.

[12] Sur la modernisation de Paris, voir Clark, pp. 23-78. Parmi d'autres références sur ce sujet, voir Hervé Manéglier, *Paris Impérial. La Vie quotidienne sous le Second Empire*, Paris, Armand Colin, 1990 ; Herbert, pp. 1-32.

[13] Mark Twain, *The Innocents Abroad or The New Pilgrims Progress*, New York, Signet Classic, 1980, pp. 27-28.

[14] L'étude d'Albert Boime, publiée en 1971 (et rééditée en 1986), consacrée au système académique français, est une référence sur son fonctionnement, ses origines et son évolution. Albert Boime, *The Academy and French Painting in the Nineteenth Century*, New Haven, Yale University Press, 1986. Albert Boime, « The Teaching Reforms of 1863 and the Origins of Modernism in France », *Art Quarterly*, 1977, 1, 1, pp. 1-39. Voir aussi Monique Secré, *L'École des beaux-arts, XIVe-XXe siècles*, Montréal, L'Harmattan, 1998.

[15] Il est probable que Robinson a visité le Panthéon au cours de l'été 1877, peu de temps après la cérémonie de présentation de la peinture murale de Puvis de Chavannes en mai 1877. Robinson a dessiné un détail de *L'Enfance de Sainte Geneviève*.

[16] William H. Low, *A Chronicle of Friendships*, New York, Charles Scribner and Sons, 1908, p. 39. L'allusion de Low à cette « "Femme inconnue", bien plus connue depuis » pourrait se rapporter à la même figure que celle dessinée par Robinson sous le titre « Femme Inconnue, École Milanese, fin du XVe siècle ». Le camarade d'études dont parle Low dans cet extrait est l'écrivain et critique Robert Alan Mowbray Stevenson (1847-1900), qui débuta comme peintre.

[17] Low fait état d'un manque d'intérêt généralisé de la part de ses camarades d'études pour les tableaux des grands maîtres ou, selon le terme de Low, les maîtres primitifs. Comme il le dit dans ses *Chronicles*, « il semble curieux qu'à cette époque les noms de personnages que nous considérons comme importants aujourd'hui, même s'ils n'étaient pas inconnus alors, n'étaient jamais cités en tant qu'exemples dans notre petit monde d'étudiants des beaux-arts. C'est seulement auprès de Stevenson que j'ai trouvé une appréciation satisfaisante, quoique plus modérée que la mienne, des maîtres primitifs » (Low, p. 39). Il n'en reste pas moins que les fréquentes visites de Robinson au Louvre témoignent de la curiosité et de l'intérêt que cet artiste éprouve à l'égard des générations d'artistes précédentes. Par ailleurs, d'autres témoignages de contemporains de Low portent à croire que des étudiants en beaux-arts fréquentent le musée du Louvre pour y réaliser des dessins. Voir H. Wayne Morgan, *Kenyon Cox, 1856-1919 : A Life in American Art*, Kent, Kent State University, 1994.

[18] Carroll Beckwith, « Carolus-Duran » paru dans John C. Van Dyke, *Modern French Masters : A Series of Biographical and Critical Reviews by American Artists*, New York, Century Co., 1896, p. 74. Citons, parmi d'autres étudiants connus de Duran pendant la décennie 1870, John Singer Sargent (1865-1925), John Carroll Beckwith (1852-1917), William Hicock Low (1853-1932), Robert Hinckley (1853-1941) et Elizabeth Nourse (1859-1938). Sur Carolus-Duran comme professeur, voir Weinberg, *The Lure of Paris*, pp. 189-219.

[19] Weinberg, *The Lure of Paris*, pp. 212-214 ; Baur, p. 15.

[20] Sur Gérôme, voir H. Barbara Weinberg, *The Pupils of Jean-Léon Gérôme*, Fort Worth, Amon Carter Museum, 1984.

[21] Il fait la connaissance à Venise de l'artiste américain expatrié, James Abbott McNeill Whistler (1834-1903), qui prône également une esthétique du quotidien. La série d'eaux-fortes de Whistler sur la Tamise (1860-1861) qui représentent les travailleurs des docks des quartiers londoniens de Wapping et Rotherhithe, offre un exemple parmi d'autres de cette utilisation de la vie quotidienne par Whistler . Il n'est pas certain que Robinson ait vu cette série, mais pendant les années 1890 il cite constamment Whistler dans son journal, ce qui fait penser que cet excentrique expatrié américain – dont la philosophie de l'art pour l'art a bouleversé le monde artistique tant européen qu'américain – a exercé une influence importante et durable sur son jeune confrère.

[22] Au total, huit expositions sont organisées de 1874 à 1886. La participation de ses artistes n'a pas été très régulière en raison de différends internes, de la réticence de certains artistes d'être perçus comme un groupe bien défini, et de leur collaboration avec des galeries privées. Voir Charles Moffett, éd., *The New Painting: Impressionism 1874-1886*, San Francisco, Fine Arts Museums of San Francisco, 1986. Ruth Berson, dir., *The New Painting: Impressionism 1874-1886. Documentation*, 2 vols., San Francisco, Fine Arts Museums of San Francisco, 1996. Sur la réaction américaine à la première exposition impressionniste à Paris, voir H. Barbara Weinberg, et al., *American Impressionism and Realism*, New York, Metropolitan Museum of Art, 1994.

[23] Sur l'évolution de l'impressionnisme américain, voir Weinberg, *American Impressionism and Realism*.

[24] Plusieurs expositions des impressionnistes français organisées aux États-Unis au cours des années 1880 ont attiré l'attention du public américain. Parmi les premières expositions, citons celle de la *Boston Association for Foreign Exhibits* en 1883, qui exposa des œuvres proposées par le marchand parisien, Paul Durand-Ruel (1831-1921). Une autre importante exposition a été organisée à New York en 1886, à l'instigation de Durand-Ruel et à l'invitation de *l'American Art Association*. Elle suscita un intérêt tel qu'elle fut prolongée au *National Academy of Design*.

Sur les premières expositions impressionnistes et l'arrivée du mouvement en Amérique, voir Gerdts, *American Impressionism*, pp. 28-29 ; Gerdts, *Impressionist New York*, New York, Abbeville Press, 1994 et Weinberg, *American Impressionism and Realism*, pp. 20-21.

[25] Il se peut que Robinson et Willard Leroy Metcalf (1858-1925) aient été emmenés à Giverny en 1885 par Ferdinand Deconchy, qui les aurait présentés à Monet. Sur la fondation de la colonie de Giverny, voir Gerdts, *Monet's Giverny : An Impressionist Colony*, New York, Abbeville Press, 1993, p. 26.

[26] Johnston, p. vii.

[27] D'après Baur, Robinson limite son utilisation des photographies à ses études de figures, et ne peint pas, en règle générale, les paysages en atelier à partir d'épreuves photographiques. Baur, p. 36.

[28] Baur, « Photographic Studies by an Impressionist », *Gazette des Beaux-arts*, 1946, série 6, vol. 30, p. 329. Voir aussi Aaron Scharf sur la photographie et l'Impressionnisme dans *Art and Photography*, Baltimore, Pelican Books, 1974, pp. 165-209. Scharf prétend que malgré la difficulté de déterminer si les impressionnistes utilisent ou non les photographies comme base de leurs tableaux, « leur désir d'enregistrer le caractère transitoire de la lumière et de l'ombre dans le monde réel revient à adopter une position extrémiste sur la perception à laquelle l'art photographique est tout à fait pertinent, et qui impliquerait logiquement la pratique de la copie sur épreuve photographique » (p. 166) Scharf cite l'utilisation des photographies par Robinson comme une démarche exemplaire susceptible d'être appliquée dans le cadre d'une adaptation de cette technique à la méthodologie impressionniste. L'analyse de Scharf enchaîne sur le concept d'instantanéité, l'impressionnisme, et la photographie dans sa relation à l'image floue et à l'art de Monet. (p. 172).

[29] Robinson ajoute certains éléments nouveaux à la toile que l'on ne voit pas dans la photographie. Par exemple, la personne sous l'arbre dans le coin gauche se substitue aux défauts manifestes de l'épreuve photographique à cet endroit. Scharf se penche également sur la fidélité avec laquelle Robinson représente la photographie dans ses tableaux, mais affirme par ailleurs que Robinson avait tendance à rajouter à la toile des détails « escamotés dans la photographie » (Scharf, p. 167).

[30] Theodore Robinson, « Claude Monet », *The Century Magazine*, septembre 1892, p. 696. Cet article est probablement rédigé par l'artiste en 1890, avec une réédition en 1896 dans l'ouvrage *Modern French Masters* de Van Dyke. L'utilisation du mot « vérité » pour caractériser la philosophie esthétique de Monet revêt une signification qui varie en fonction de l'époque, allant de l'observation naturaliste au symbolisme universel. Au moment où Robinson écrit, Monet s'interroge déjà sur la valeur du paradigme naturaliste et explore de nouvelles possibilités d'organisation décorative de ses tableaux et de leur contenu affectif.

[31] Nous ne sommes pas en mesure de déterminer si Robinson a réalisé ou non un portrait à partir de cette photographie. Il se peut qu'elle ait été prise à Evansville ou dans les environs, car Robinson a pu s'y rendre pour un bref séjour en 1879. Une telle visite est indiquée dans Montgomery, p. 7. Une série de trois portraits d'une jeune femme, également dans la collection de la Terra Foundation for the Arts, présente une grille dessinée à la mine de plomb sur la tête du sujet, et correspond peut-être à une commande de portrait de cette époque.

[32] Cette photographie a servi de base pour une eau-forte accompagnant le texte de Robinson sur Monet publié en 1892 dans la revue *Century Magazine*, avec une réédition en 1896 dans *Modern French Masters* de Van Dyke.

[33] Robinson exploite essentiellement les techniques dites du « tirage sur papier albuminé » et du « cyanotype ». La désignation de ces deux techniques se rapporte au type de support sur lequel l'image photographique est tirée, connu sous le nom de " papier sensible ". Le tirage sur papier albuminé (dont l'invention fut annoncée par Louis-Désiré Blanquart-Évrard [1802-1872] en 1850) fait appel à un support rendu sensible par trois éléments essentiels : le chlorure de sodium (le sel de table), le blanc d'œuf et le nitrate d'argent. Pour créer le papier albuminé, les blancs d'œuf sont battus avec le sel créant une mousse légère qui retourne ensuite à l'état liquide. Une feuille de papier de qualité et d'une épaisseur réduite est traitée (sur une seule face) avec ce mélange puis séchée. Elle est ensuite passée au nitrate d'argent qui forme une fine couche de chlorure d'argent en surface, sensible à la lumière. Cette technique présente un certain nombre d'inconvénients : les papiers de qualité sont onéreux et difficiles à trouver (dans bien des cas ils ne sont pas fabriqués aux États-Unis mais importés), et une fois que le papier est sensibilisé, sa conservation étant problématique, il faut l'utiliser au plus vite. Des avancées techniques ont été réalisées au cours des années 1860 avec l'invention de papiers prétraités qui se conservent plus longtemps et épargnent au

photographe le travail supplémentaire nécessité par leur préparation. Par conséquent, ce procédé est devenu plus apprécié tant dans les milieux professionnels que par les amateurs. Le cyanotype (dont l'invention est attribuée à Sir John Herschel [1792-1871]) remonte aux années 1840 et utilise la photosensibilité de certains sels de fer. Le papier est traité au moyen d'un mélange composé de ferrocyanure ferrique (« Bleu de Prusse ») et de ferricyanure ferreux (ou « Bleu de Trumbull »). Pour de plus amples informations sur les techniques photographiques au XIXe siècle, voir James M. Reilly, *Care and Identification of Nineteenth Century Photographic Prints*, Rochester, Kodak Publications, 1986 et Gordon Baldwin, *Looking at Photographs : A Guide to Technical Terms*, Malibu, Paul Getty Museum, 1991.

34 Sir William Newton, " Upon Photography in an Artistic View, and its Relations to the Arts ", 1853, communication à la Photographic Society of London, publiée dans Beaumont Newhall, *Photography Essays and Images Illustrated Readings in the History of Photography*, New York, Museum of Modern Art, 1980, p. 79.

35 Une indication des connaissances de Robinson sur l'évolution de la technique photographique réside dans le fait qu'il utilise le cyanotype très souvent à la fin des années 1880 et au début des années 1890, à une époque où ce procédé est prisé des amateurs. Le cyanotype, qui donne une image bleue, est préféré à cette époque en raison de son coût relativement réduit et de la simplicité de la technique de la révélation de l'image. Elle est ensuite passée de mode car les tonalités bleutées des épreuves ont été peu appréciées du grand public. Compte tenu des photographies attribuées avec certitude à Robinson, il semble qu'il utilise le cyanotype à Giverny essentiellement et, à quelques exceptions près, pour les études photographiques destinées à ses tableaux. Il utilise aussi le procédé du tirage sur papier albuminé, également apprécié des amateurs à partir des années 1880, avec la commercialisation de papiers sensibilisés, prêts à l'usage. Sur les premières techniques photographiques, voir Reilly et Baldwin.

36 Alexander Black, « The Amateur Photographer » (1887), réédité dans Newhall, p. 151.

37 Selon toute vraisemblance, cette photographie n'a pas été prise à Giverny, car il n'y a aucune indication d'une visite de Cox à Giverny avant 1893, l'été suivant le retour de Robinson aux États-Unis. Robinson et Cox se connaissent depuis 1877, époque de leurs études respectives à Paris. Ils ont aussi fait un voyage ensemble en Italie en 1878. Sur l'amitié liant Cox et Robinson, voir Morgan, pp. 36, 60, 75.

38 Une photographie semblable prise le même jour (et qui se trouve actuellement dans une collection privée) offre une représentation de cette même vue dans un format horizontal, mais avec la présence d'une troisième personne, William H. Low. Compte tenu de cette donnée, la photographie de la collection Terra a été prise en présence d'au moins quatre personnes afin qu'il y en ait une qui puisse assurer l'exposition de la plaque.

39 Robinson, Journal, 23 février 1895.

40 Robinson, Journal, 31 janvier 1893.

41 Van Deren Coke, *The Painter and the Photograph : From Delacroix to Warhol*, Albuquerque, University of New Mexico Press, 1964, pp. 79-91. Voir aussi Dorothy Kosinski, *The Artist and the Camera : Degas to Picasso*, New Haven, Yale University Press, 1999 et Aaron Scharf. Sur Degas, voir Malcolm Daniel, *Edgar Degas Photographe*, Paris, Bibliothèque nationale, 1999. Sur Eakins, voir Susan Daley et Cheryl Leibold, *Eakins and the Photographs : Works by Thomas Eakins and his Circle in the Collection of the Pennsylvania Academy of Fine Arts*, Washington, Smithsonian Institution Press, 1994.

42 Royal Cortissoz, « Landmarks of Manhattan », *Scribner's Magazine*, novembre 1895, vol. 18, 5, p. 539.

43 Low, p. 449.

44 Robinson parle de ce texte dans son journal du 12 novembre 1894 : " J'ai commencé à écrire quelque chose pour Garland – une sorte de défense du modernisme ".

45 Le tableau dont il parle est peut-être *Grain Field, NJ*, répertorié sous le numéro 92 dans le catalogue raisonné que Baur a dressé de l'œuvre de Robinson.

46 Hamlin Garland, *Crumbling Idols : Twelve Essays on Art Dealing Chiefly With Literature, Painting and the Drama*, Cambridge, Stone & Kimball, 1894, pp. 60, 131.

47 Sur Robinson et la colonie artistique de Cos Cob, voir Susan G. Larkin, « Light, Time and Tide : Theodore Robinson at Cos Cob », *The American Art Journal*, 1991, vol. 3, n° 2 ; Charles Elderidge, « Connecticut Impressionists : The Spirit of Place », *Art in America*, septembre-octobre 1974, pp. 84-90.

48 Robinson, Journal, 1er janvier 1895.

49 Robinson, « Jean-Baptiste-Camille Corot », paru dans Van Dyke, *Modern French Masters*, p. 112.

Baur (John I. H.), *Theodore Robinson, 1852-1896*, Brooklyn, Brooklyn Museum, 1946.

Baur (John I. H.), « Photographic Studies by an Impressionist [a], *Gazette des Beaux-Arts*, 1946, série 6, vol. 30, pp. 319 – 330.

Clark (Timothy J.), *The Painting of Modern Life : Paris in the Art of Manet and His Followers*, Princeton, Princeton University Press, 1999.

Coke (Van Deren), *The Painter and the Photograph : From Delacroix to Warhol*, Albuquerque, University of New Mexico Press, 1964.

Garland (Hamlin), *Crumbling Idols : Twelve Essays on Art Dealing Chiefly With Literature, Painting and the Drama*, Cambridge, Stone & Kimball, 1894.

Gerdts (William H.), *Monet's Giverny : An Impressionist Colony*, New York, Abbeville Press, 1993.

Harrington (Bev), *The Figural Images of Theodore Robinson, American Impressionist*, Oshkosh, Paine Art Center and Arboretum, 1987.

Harris (Neil), *The Artist in American Society : The Formative Years, 1790-1860*, Chicago, University of Chicago Press, 1982.

Johnston (Sona), *Theodore Robinson, 1852-1896*, Baltimore, Baltimore Museum of Art, 1973.

Low (William H.), *A Chronicle of Friendships*, New York, Charles Scribner and Sons, 1908.

Newhall (Beaumont), *Photography Essays and Images : Illustrated Readings in the History of Photography*, New York, Museum of Modern Art, 1980.

Newhall (Beaumont), *Photography in Nineteenth-Century America*, Fort Worth, Amon Carter Museum, 1991.

Reilly (James), *Care and Identification of Nineteenth Century Photographic Prints*, Rochester, Kodak Publications, 1986.

Rosenweig (Roy) et Blackmore (Elizabeth), *The Park and the People : A History of Central Park*, Ithaca, Cornell University Press, 1992.

Scharf (Aaron), *Art and Photography*, Baltimore, Pelican Books, 1974.

Van Dyke (John C.), *Modern French Masters : A Series of Biographical and Critical Reviews by American Artists*, New York, Century Co., 1896.

Weinberg (H. Barbara), *The Lure of Paris : Nineteenth Century American Painters and Their French Teachers*, New York, Abbeville Press, 1991.

Weinberg (H. Barbara), et al., *American Impressionism and Realism : The Painting of Modern Life, 1885-1915*, New York, Metropolitan Museum of Art, 1994.

Tout au long de ce projet, j'ai consulté de nombreux spécialistes qui ont su guider mes recherches sur Theodore Robinson. Je tiens tout particulièrement à remercier Ira Spanierman pour sa précieuse donation à la Terra Foundation for the Arts de ces carnets de dessin et photographies en 1982. Sona Johnston, conservateur en chef au Baltimore Museum of Art, a répondu à mes questions et ses propres recherches sur Robinson ont constitué un point de repère important. Le personnel de la Frick Art Reference Library de New York a également répondu à mes questions et m'a aidé avec les documents manuscrits de Robinson. Je souhaite également remercier mon directeur de recherches à l'université de Chicago, Joel Snyder, car il a suscité mon intérêt pour les premières techniques photographiques et soutenu mes recherches universitaires. De nombreux restaurateurs sont impliqués dans ce projet depuis les débuts de l'exposition : Harriet Stratis et Kristine Lister ont tout d'abord proposé leurs conseils sur les options de conservation des carnets ; les efforts de Scott Kellar ont permis une préservation et une présentation optimisées ; Barbara Korbel a aussi prodigué sans compter ses conseils et son temps précieux. Une consultation très informative auprès de Douglas Severson a éclairé ma compréhension des techniques photographiques utilisées par Robinson. Les travaux de documentation photographique des carnets et photographies effectués par Gary Henderson ont permis de réaliser les illustrations de qualité présentées dans cet ouvrage.

Mes collègues de la Terra Foundation for the Arts, du Terra Museum of American Art, et du Musée d'Art Américain Giverny m'ont assisté dans tous les aspects du projet. Je tiens à remercier tout particulièrement Catherine A. Stevens pour sa perspicacité, en attirant notre attention sur les carnets et les photographies de Robinson, et aussi parce qu'elle a su stimuler mon intérêt pour ces œuvres exceptionnelles. Derrick R. Cartwright a soutenu ce projet depuis ses débuts. John Hallmark Neff a aidé à affiner mon approche du projet Robinson au cours de ses phases critiques, et les conseils de Kristina Anderson, Mary Ellen Goeke, Sarah Hadley, Janice McNeill, Catherine Ricciardelli et Tom Skwerski ont été des plus précieux. Shelly Roman Abellera mérite une mention toute particulière, car elle a mis à notre disposition ses talents de chercheuse et de relectrice. L'encadrement de Francesca Rose a garanti la qualité la plus élevée possible pour cet ouvrage. Veerle Thielemans a proposé des remarques judicieuses sur le texte. Et pour conclure, je dois beaucoup à Jonathan Sachs pour ses conseils avisés sur le texte, ainsi que pour son amitié.

Stephanie Mayer, Assistante de conservation, Terra Museum of American Art

Liste des illustrations

Sauf mention contraire, toutes les œuvres de Theodore Robinson citées dans cet ouvrage sont dépourvues de titre. Des titres descriptifs ont été donnés et apparaissent entre crochets. Les annotations de l'artiste sont transcrites ci-dessous entre guillemets. Les esquisses et les photographies sont issues de la collection de la *Terra Foundation for the Arts* et font partie d'une donation de M. Ira Spanierman.

Crédits photographiques
Columbus Museum of Art, Columbus : fig. 26 / Georgia Museum of Art, Athens : fig. 18 / Réunion des musées nationaux, Paris : fig. 10
Terra Foundation for the Arts, Chicago : figs. pp. 6 et 49 ; figs. 1-9, 11-17, 19-25, 27-32

Achevé d'imprimer en mars 2000 sur les presses de l'imprimerie Blanchard, Le Plessis-Robinson.